Alfred Klose

MINDERHEIT UND MENSCHENWÜRDE

Christliche Orientierungen

Mohorjeva
Hermagoras

Alfred Klose, Minderheit und Menschenwürde.
Christliche Orientierungen
Umschlagbild: Mag. Gisela Klose
Satz: Dr. Zofia Kowalska
Druck: Hermagoras Druckerei, Adi-Dassler-Gasse 4, 9073 Viktring

ISBN 3-85013-742-2

INHALTSVERZEICHNIS

Vorwort

Heute kennen fast alle Staaten Minderheitenprobleme. Die christlichen Kirchen und Glaubensgemeinschaften sind nach ihrem Grundauftrag verpflichtet, sich aller Benachteiligten anzunehmen; dazu gehören immer wieder Angehörige ethnischer, rassischer, sprachlicher und religiöser Minderheiten.

Die Katholische Soziallehre, die Evangelische Sozialethik, Lehraussagen orthodoxer, altorientalischer und anderer christlicher Kirchen weisen den Weg.

Für wertvolle Hilfen bei der Anfertigung des Manuskriptes und das Layout danke ich Frau Dr. Zofia Kowalska.

Wien, im Februar 2000 | Alfred Klose

Eine Herausforderung an der Jahrtausendwende

Das 20. Jahrhundert war nicht nur durch die Weltkriege, sondern auch durch zahllose regionale Konflikte, Revolutionen und kriegerische Auseinandersetzungen gekennzeichnet. Dabei waren es immer wieder Konflikte um Minderheiten, die dabei Anlass waren oder zumindest die Auseinandersetzungen mit beeinflusst haben. Minderheiten sind Gruppen, die sich in nationaler, rassischer, religiöser oder sprachlicher Hinsicht von der Mehrheit der Bevölkerung eines Staates unterscheiden, oder zumindest von der Großgruppe, welche die Macht in einem Land ausübt.

In der Welt von heute bringen eine zunehmende Migration, das Flüchtlingsproblem und die Gastarbeiter neue Minderheiten hervor; weithin geht es dabei nicht um klar abgrenzbare Schichten: Es stellen sich aber ähnliche Probleme wie bei jenen Minderheiten, die schon lange in einem Staat leben.

Die Probleme der Minderheiten und die damit verbundenen Fragen der Politik nehmen daher in der modernen Staatenwelt eine immer größere Bedeutung ein. Dabei sind es die Zusammenhänge mit den Menschenrechten, die im Vordergrund stehen. Immer wieder geht es darum, Benachteiligungen von Minderheiten zu überwinden und ihre Menschenwürde zu sichern. Wenn auch in vielen Staaten die Verfassungen die Menschenrechte garantieren, weicht die politische Praxis vielfach davon ab; in sehr zahlreichen Ländern sind Minderheiten immer neuen Verfolgungen ausgesetzt; zumindest werden sie in ihren Lebensrechten eingeschränkt.

Es ist Aufgabe nicht nur der Regierungen und Parlamente, solchen Entwicklungen entgegenzuwirken, sondern auch aller Institutionen, die Einfluss auf die politische Kultur eines Landes haben. Dazu gehören auch die Religionsgemeinschaften. Die christlichen Kirchen und Glaubensgemeinschaften sind durch ihren Grundauftrag dazu verhalten, sich immer wieder für die Würde aller Menschen einzusetzen, damit im besonderen für die Menschenrechte, vor allem für die Rechte benachteiligter Schichten der Bevölkerung wie der Minderheiten.

In einer Reihe von Staaten haben langdauernde Konflikte zu einer tiefen Entfremdung zwischen einzelnen Volksgruppen und Religionen geführt. Nur intensive Bemühungen können hier auf weite Sicht hin einen Wandel schaffen. Beispiele aus der jüngeren Geschichte stellen Bosnien, Kosovo, aber auch zahlreiche Länder Afrikas und Asiens dar, wie Ruanda-Burundi, der Sudan, Äthiopien und Eritrea, Sri Lanka, Kaschmir und immer wieder der Nahe Osten – die andauernde Konfliktsituation zwischen den Israelis und den Arabern.

Wir haben gewiss auch im 20. Jahrhundert positive Signale erlebt, so die Allgemeine Erklärung der Menschenrechte durch die Vereinten Nationen 1948, die Integration vieler Flüchtlinge und Auswanderer in Nordamerika, Australien und Westeuropa. Dennoch haben wir an der Jahrtausendwende noch zahllose ungelöste Minderheitenprobleme; das Heer der Flüchtlinge und Asylwerber hat noch gewaltige Dimensionen.

So stellen sich für die christlichen Kirchen immer neue Aufgaben: Vor allem sollen sie aufklärend und ausgleichend, aber auch karitativ zur Milderung bestehender Spannungen in Minderheitenfragen wirken. Die Tradition dieser Kirchen und Glaubensgemeinschaften, die immer wieder hervorgehobene Gleichheit der Menschennatur und der Menschenwürde, die Betonung der Einmaligkeit jedes Menschen haben schon bisher sehr maßgebend zur Überwindung von Vorurteilen gegenüber Minderheiten beigetragen. Die weltweite Auseinandersetzung um die Menschenrechte hat gerade in der zweiten Hälfte des 20. Jahrhunderts starke Kräfte der Toleranz sowie ein vermehrtes Bewusstsein der Menschenwürde hervorgebracht. An diesen Entwicklungen waren christliche Politiker, Parteien mit christlicher Weltanschauung, aber auch die christlichen Kirchen und Glaubensgemeinschaften entscheidend beteiligt.

Vorurteile haben die Behandlung von Minderheiten in vielen Ländern bestimmt: Die Judenverfolgungen in den vergangenen Jahrhunderten bis zur Shoah in der Zeit des Nationalsozialismus in Deutschland sind dafür kennzeichnend; ebenso die Haltung gegenüber Minderheiten, die wie die Roma und Sinti fast überall Randgruppen darstellen, die von anderen Bevölkerungsgruppen ablehnend behandelt werden.

Ähnliche Vorurteile können wir gegenüber Kaukasiern – vor allem Tschetschenen – in der Russischen Föderation beobachten. Adam Schaff hat nachgewiesen, dass das menschliche Verhalten und damit auch die Politik sehr weitgehend von vorgegebenen Mustern, von Stereotypen und Vorurteilen bestimmt ist[1]: Dem müssen Persönlichkeiten und Organisationen entgegenwirken, die sich der Bedeutung der Menschenwürde bewusst sind. In diesem Sinn haben die Christen und ihre Kirchen hier eine unvertretbare Aufgabe! Noch ist es in keinem Land gelungen, in dem eine farbige Bevölkerung in einer Minderheitenposition ist, solche Vorurteile ganz zu überwinden.

Seit der Ökumenischen Versammlung zum Thema „Frieden in Gerechtigkeit für die ganze Schöpfung" in Basel, im historisch so bedeutsamen Jahr 1989, waren viele Initiativen ergriffen worden, durch die christliche Kirchen Schritte zu einer Versöhnung in Konfliktsituationen gesetzt haben. Nach der großen Wende in Europa sind neue Herausforderungen gegeben: Eine zukunftsweisende Friedensordnung ist im Kosovo und auch in Bosnien noch nicht zustande gekommen, der so weit zurückreichende Irland-Konflikt hat noch keine endgültige Lösung gefunden; die anhaltenden Konflikte in der Kaukasus-Region stellen eine besondere Bedrohung nicht nur für die betroffenen Länder dar. Im übrigen sind es – allein in Europa – ungelöste Probleme vieler Minderheiten, in Russland und der Ukraine, in den baltischen Ländern ebenso wie mehr oder minder in allen Staaten Südosteuropas, die an der Jahrtausendwende einer Lösung harren. Alle diese Konflikte stellen Herausforderungen für die christlichen Kirchen dar, die einen ganz entscheidenden Auftrag zur Versöhnung haben, aus dem heraus sie immer wieder Initiativen zum Konfliktausgleich setzen müssen.

Nahezu unübersehbar sind die Minderheitenprobleme in Afrika, dies fast in allen Staaten dieses Kontinents. Auf diese und ähnliche Probleme in asiatischen Ländern wird in der Folge noch eingegangen.

Für die Zukunft geht es darum, das Gemeinsame an Wertüberzeugungen in Fragen der Menschenwürde und der Menschenrechte deutlicher herauszuarbeiten; nicht große Programme sind gefragt, sondern jene Menschlichkeit, die mit dem Wesen des Christentums untrennbar verbunden ist. Dies bedeutet auch Offenheit gegenüber anderen geistigen Bewegungen: Der 10. Europäische Theologenkongress im September 1999 in Wien hat mit dem Thema „Menschenbild und Menschenwürde“ deutlich gemacht, dass das Christentum zutiefst offen für den weltanschaulichen Pluralismus ist, für eine freie Gesellschaft mit Lebensmöglichkeiten für alle Menschen. Man dürfe die Klärung von Fragen der Menschenwürde nicht auf Großorganisationen wie die UNO, den Europarat oder die EU abschieben, sondern es sei die Verantwortung der Christen in ihrem persönlichen Lebensbereich von maßgebender Bedeutung; so seien die Zusammenhänge zwischen Menschenwürde und Persönlichkeitsbildung entscheidend.

Vielfalt in einer größeren Einheit

Es ist die Einmaligkeit des Menschen, die im Christentum so deutlich hervortritt: Damit steht auch die Einmaligkeit jeder nationalen, rassischen, sprachlichen oder religiösen Gruppe im Einklang. Es ist letztlich die Vielfalt der Schöpfung, um die es auch bei den Fragen der Minderheiten geht. Der ganze Reichtum des Menschengeschlechts kommt auch in der Minderheitenfrage zum Ausdruck!

Ein „Hohes Lied" dieser Lehre von der Einmaligkeit des Menschen stellt die Enzyklika *Redemptor hominis* 1979 dar. Es gehe nicht um den abstrakten Menschen, sondern um den konkreten, um jeden einzelnen, eben um den Menschen in seiner unwiederholbaren Wirklichkeit im Sein und im Handeln, im Bewusstsein und im Herzen. Der Mensch als Person habe seine eigene Lebensgeschichte. Von den so unterschiedlichen Bedürfnissen bestimmt, schreibe „der Mensch diese seine persönliche Geschichte durch zahllose Bindungen, Kontakte und soziale Strukturen, die ihn mit anderen Menschen verbinden" (14). Es ist die Vielfalt der Schöpfung, die auch in der nationalen und kulturellen Differenzierung zum Ausdruck kommt. Auch die christlichen Kirchen weisen eine solche Vielfalt auf: So sind sie auch berufen, sich in besonderer Weise für die Vielgestaltigkeit der menschlichen Gesellschaft einzusetzen. Dies bedeutet nicht eine museumsähnliche Konservierung überkommener Strukturen, etwa der indigenen Völker und anderer Minderheiten. Es sollen aber die Werte alter Kulturen erhalten werden und für die Zukunft im positiven Sinn weiterwirken.

Christliche Kirchen und Glaubensgemeinschaften stellen mit ihrer Vielfalt und jahrtausendalten Tradition viele Formen von Minderheiten in sehr zahlreichen Ländern dar. Dabei sind es besonders die altorientalischen und orthodoxen Kirchen sowie die mit Rom unierten alten Kirchen in Asien und Afrika, die über eine sehr weit zurückreichende Tradition verfügen. Hier geht es beim Schutz um diese Minderheiten – vielfach in einer islamischen Umwelt – um die Erhaltung sehr wertvoller kultureller Traditionen. Gerade die alten

Kirchen haben ihre Eigenständigkeit in einer sehr wechselvollen Geschichte, vielfach unter sehr schwierigen Gegebenheiten, unter Verfolgung und Unterdrückung, behauptet. Für die Zukunft geht es um die Erhaltung auch dieser religiösen und kulturellen Pluralität, die einer geistig-kulturellen Verödung und Vermassung ebenso entgegenwirkt, wie dem Entstehen autoritärer und totalitärer Strukturen. Es ist eine besondere Tragik, dass heute in manchen Staaten, deren Verfassungen Grund- und Freiheitsrechte hervorheben, die Praxis auf eine Unterdrückung von Minderheiten wirkt. Wir sehen dies bei den syrisch-orthodoxen Christen in der Türkei, aber auch in gewissem Umfang bei den Kopten in Ägypten, im Fall der Chaldäischen und der Armenischen Kirche in einigen Staaten des Nahen Ostens. Georgien ist wie Armenien ein Land von hoher kultureller Tradition: Diese Kultur wurde vor allem von den christlichen Kirchen getragen, dies nicht nur in den Heimatländern, sondern auch in den zahlreichen Staaten, in die die Armenier und Georgier ausgewandert sind. Das Schicksal der Armenier im Osmanischen Reich, vor allem während des Ersten Weltkrieges, hat die Tragik von Minderheiten deutlich gemacht. Die Kirchen in diesen Ländern, aber auch im Irak, Iran, Syrien und Ägypten haben starke Kräfte christlicher Erneuerung hervorgebracht; sie mussten immer neue Herausforderungen bewältigen.

Christliche Soziallehre zukunftsweisend

Die größere Einheit in einer Vielfalt ist auch das Ziel der ökumenischen Zusammenarbeit der christlichen Kirchen. Diese ist gerade im sozialen und karitativen Bereich sehr fortgeschritten. Es geht aber auch um eine Christliche Soziallehre in dem Sinn, dass in wichtigen Fragen die Katholische Soziallehre, die Evangelische Sozialethik und Lehraussagen vor allem der orthodoxen und altorientalischen Kirchen in sozialen Fragen weitgehend übereinstimmen; dies gilt auch für andere christliche Glaubensgemeinschaften wie die Anglikaner, Methodisten und Baptisten. Besonders zeigt sich dies in jenen Herausforderungen, welche die Menschenwürde und damit auch die Minderheiten betreffen. Gerade wenn die Christliche Soziallehre eine kritische Funktion ausüben soll, kommt die gegebene Wirklichkeit dem sehr nahe. Immer wieder geht es den christlichen Kirchen um diese Sozialkritik, vor allem in Fragen einer Benachteiligung von Randschichten und Minderheiten, um ein Eintreten für Entrechtete und Verfolgte, für Asylwerber und Flüchtlinge.

Christliche Soziallehre ist aber auch ihrem Wesen nach handlungsorientiert: Zur Lösung sozialer Fragen bedarf es „einer Praxis, welche die Gesellschaft nicht bloß interpretiert, sondern auch gestaltet" (H.J. Höhn)[2].

In diesem Sinn hat das Weltreligionstreffen von Assisi 1993 eine klare Verurteilung des Rassismus und nationalen Chauvinismus gebracht. Es ist aber gerade das tägliche Wirken christlicher Kirchen und Glaubensgemeinschaften, das zur Aussöhnung zwischen verfeindeten nationalen und religiösen Gruppen beiträgt. Immer wieder hat der orthodoxe Patriarch Bartholomaios I. auf die Grenzlinien hingewiesen, die im nachbarschaftlichen Zusammenleben überwunden werden sollen.

Auch in unserer Welt geht es an der Jahrtausendwende darum, die „Zeichen der Hoffnung" zu entdecken, wie es der polnische Philosoph und Erzbischof von Lublin Józef Życiński zum Ausdruck gebracht hat[3]. In einer Zeit eines umfassenden Wertewandels findet der Mensch immer neue Herausforderungen für sein Handeln, für ein sinnerfülltes Leben: In seinem Wirken in den verschiedenen Gemeinschaften, von der Familie bis zum Staat, ergeben sich immer neue Aufgaben. Es geht dabei um die Verwirklichung des Gemeinwohls, des „allgemeinen Besten", wie es schon vor 200 Jahren der vielseitige Gelehrte und Goethe-Freund Johann Heinrich Jung-Stilling in seinen Grundsätzen einer Evangelischen Sozialethik formuliert hat[4]. Nach diesen Überlegungen wird das Gemeinwohl am besten verwirklicht, wenn jeder versucht, einen Beitrag zu diesem allgemeinen Besten zu leisten. Auch Johannes Messner, der große Naturrechtslehrer, stellt fest, dass der Staat durch seine Ordnungsaufgaben die grundlegenden Voraussetzungen dafür schaffen muss, damit der einzelne diese seine Aufgaben erfüllen kann. In der Sicherung der Grund- und Freiheitsrechte ist in diesem Sinn eine erstrangige Aufgabe des Staates gegeben. Dem entspricht aus dem Geist des Subsidiaritätsprinzips die Förderung der kleineren Gemeinschaften, der Familie, der politischen Gemeinde, eines reichen Verbands- und Vereinslebens, in dem die einzelnen Menschen ihre Aufgaben erfüllen können[5].

Die Hoffnung auf die Demokratie

Eine lange geschichtliche Entwicklung hat deutlich gemacht, dass autoritäre und totalitäre Systeme die Rechte der Minderheiten immer wieder bedrohen. Die Vernichtung der jüdischen Minderheit zur Zeit des Nationalsozialismus und die Minderheitenpolitik in der stalinistischen Sowjetunion haben Höhepunkte dieser Entwicklung mit sich gebracht. Anerkennung der Rechte der Minderheiten und der Menschenrechte schlechthin wird es nur in Demokratien geben! Zwar kennt die Geschichte die Duldung von Minderheiten auch in absolutistisch regierten Monarchien, aber nicht in dem Sinn, dass damit die Menschenrechte im Verständnis unserer Zeit gesichert waren.

Demokratie beruht auf Mehrheitsentscheidungen: Dies bedeutet aber nicht, dass dabei die Rechte von Minderheiten missachtet werden. Ein echtes demokratisches System muss die Menschenrechte achten und die Personwürde jedes Menschen hochhalten! So dürfen Mehrheitsentscheidungen nicht dazu führen, dass die Minderheitenrechte geschädigt werden. Es geht in diesem Sinn um eine Kultur der Demokratie und des Rechtsstaates! Die Enzyklika *Centesimus annus* (1991) weist darauf hin, dass eine wahre Demokratie nur in einem Rechtsstaat und auf der Grundlage einer richtigen Auffassung vom Menschen möglich sei. In diesem demokratischen Rechtsstaat sind besonders die Christen, die sich der Werte der Menschenwürde bewusst sind, angesprochen, jene Grundwerte, auf denen die Demokratie beruht, immer wieder herauszustellen: Die Solidarität und das Gemeinwohl, die Gerechtigkeit und die Subsidiarität, aber auch die Bereitschaft zur Versöhnung zwischen der Mehrheit im Staat und den Minderheiten. Wie der evangelische Sozialethiker Martin Honecker hervorgehoben hat, geht es dabei um sittliche Grundsätze des politischen Handelns, um jene Grundorientierungen, die allen Christen gemeinsam sind[6].

Christen sind dazu aufgerufen, in allen Lebensbereichen eine bestmögliche Ordnung zu verwirklichen. Im sehr eindrucksvollen

Katalog der Menschenrechte der Enzyklika *Pacem in terris* (1963) wird hervorgehoben, dass aus der Würde der menschlichen Person das Recht abzuleiten ist, „am öffentlichen Leben aktiv teilzunehmen und zum Gemeinwohl beizutragen“ (26). Dies gilt im vollem Umfang auch für alle Angehörigen der Minderheiten. Die Enzyklika *Pacem in terris* will in ihrem Menschenrechtskatalog die wesentlichen Anliegen herausarbeiten: Im Vordergrund steht das Recht auf Leben und Lebensunterhalt. Dieses Recht wird heute nicht nur in vielen Staaten durch Abtreibung und Euthanasie in Frage gestellt, sondern vor allem durch eine zu wenig entwickelte Sozialgesetzgebung: Nicht nur in den Ländern der Dritten Welt fehlen zahllosen Menschen die Mittel zur Sicherung ihrer Existenz; auch in den reicheren Ländern fehlt es weithin an einem umfassenden Wohlstandsausgleich: Obdachlose, alte zugleich kranke Menschen, Alleinerzieher, Behinderte sind nur ein Teil jener Menschen, die eine Erfüllung ihrer Lebenszwecke vielfach aus materieller Not nicht erreichen können. Immer wieder geht es dabei auch um Angehörige von Minderheiten, die durch diese ihre Lebenssituation benachteiligt sind.

Auch das von der Enzyklika betonte Recht auf Gemeinschaftsbildung wird durch Einparteiensysteme und Einschränkungen der Möglichkeit, Vereine zu bilden, beeinträchtigt. Davon sind in vielen Staaten die Minderheiten besonders betroffen. Das Recht auf Aus- und Einwanderung wird in *Pacem in terris* damit begründet, dass jeder Mensch Mitglied einer universalen Gesellschaft sei.

Die in dieser Schrift gebrachten Beispiele sind nur ein kleiner Teil jener Fehlentwicklungen, aus denen sichtbar ist, wie viel noch zu tun ist, um die Menschenrechte für alle Minderheiten zu garantieren. Heute geht es um das Grundanliegen einer Kultur der Demokratie: In der Art, wie in einem Staat Minderheiten behandelt werden, kann man die politische Kultur bestimmen.

Der slowenische Sozialethiker Ivan Stuhec hat die große Bedeutung der Einführung einer demokratischen Ordnung nach einer politischen Umwälzung wie in Slowenien nach 1991 hervorgehoben[7]: Haben doch die meisten Menschen, vor allem jüngeren und mittleren Alters noch nie ein demokratisches System erlebt. Es ist auch Aufgabe der christlichen Kirchen, in ihren Soziallehren und Lehraussagen demokratisches Gedankengut zu vermitteln. Die Slowenen, die durch Jahrhunderte in einer Minderheitensituation waren, konnten in kurzer Zeit beachtliche Leistungen beim Aufbau ihres Staates erbringen. In Slowenien ist es am besten von allen Nachfolgestaaten des alten Jugoslawien gelungen, eine demokratische Ordnung einzuführen.

Probleme für Minderheiten gibt es auch in demokratischen Ländern. Österreichs relativ kleine Minderheiten der Slowenen in Kärnten und der südlichen Steiermark, der Kroaten im Burgenland, noch mehr der dort lebenden kleinen ungarischen Minderheit und der Roma haben solche Erfahrungen gemacht. Das Österreich der Zwischenkriegszeit, die Erste Republik, war wenig minderheitenfreundlich. In Kärnten gab es schwere Konflikte in den ersten Jahren nach 1918. In der Zweiten Republik nach 1945 war manches besser, vor allem bei den Kroaten, die auch führende Landespolitiker und den ersten Bischof des Burgenlandes Stefan Laszló gestellt hatten. Dennoch ist der Anteil der kroatisch sprechenden Einwohner weiter zurückgegangen. Die Lage der Slowenen vor allem in Kärnten war noch schwieriger: So war der Ortstafelkonflikt 1972 ein Zeichen von Intoleranz der deutschsprachigen Mehrheit gegenüber der slowenischen Minderheit. Auch wenn heute in gewissem Umfang slowenischer Unterricht (im Burgenland kroatischer) in einer kleinen Anzahl von Gemeinden angeboten wird, ist die Chance einer Erhaltung der Sprachen der Minderheiten vor allem dann begrenzt, wenn sie nicht über ein geschlossenes Siedlungsgebiet verfügen. In gewissem Umfang hat die Katholische Kirche, zum Teil auch die Evangelische zur Erhaltung von Elementen der Volkstumswerte der Slowenen und Kroaten beigetragen, schon durch den Gebrauch der beiden slawischen Sprachen in Liturgie und Predigt. Es sind christliche Kirchen, die Volkstumswerte pflegen und damit zur Erhaltung der Kulturen der Minderheiten beitragen. Es geht im Sinne der Enzyklika *Centesimus annus* (1991) um „Solidaritätsnetze“, die sich zu echten Gemeinschaften entwickeln sollen (49).

Menschenrechte sichern

In seiner Botschaft zum Weltfriedenstag 1999 hat Johannes Paul II. betont, dass in der Wahrung der Menschenrechte das Geheimnis des wahren Friedens liege. Besonderen Nachdruck legte der Papst auf die Religionsfreiheit, „das Herz der Menschenrechte“. Die Religion gibt die Antwort auf die Frage nach dem wahren Lebenssinn im persönlichen wie im sozialen Bereich. Die Religionsfreiheit bilde daher den Kern der Menschenrechte. Diese sei so unantastbar, dass der Person auch die Freiheit des Religionswechsels zugestanden werden müsse, wenn das Gewissen dies verlangt. Wir sehen, dass dieses Recht in einer Reihe von islamischen Ländern nicht anerkannt wird. In letzter Zeit sind auch in Indien radikale Vertreter von Hindu-Organisationen gewaltsam gegen Christen aufgetreten. Fehlende Toleranz in Fragen des Schutzes auch der religiösen Minderheiten ist ein Zeichen einer geringen Stufe politischer Kultur. Immer wieder sind christliche Kirchen und Organisationen wie *Justitia et Pax* für mehr Toleranz gegenüber christlichen Minderheiten eingetreten. Unvergessen bleibt in diesem Zusammenhang der Vorsitzende der *Justitia et Pax*-Kommission in Pakistan, Bischof John Joseph (gest. 1998).

Eine Kompromissformel stellt die Präambel der kroatischen Verfassung von 1990 heraus: „Die Republik Kroatien ist als Nationalstaat des kroatischen Volkes konstituiert und als Staat aller, die anderen Völkern angehören, aber nicht ihre Staatsbürger sind: Serben, Moslems, Slowenen, Tschechen, Slowaken, Italiener, Juden und andere, denen Gleichberechtigung mit den Bürgern des kroatischen Volkes und Verwirklichung nationaler Rechte gemäß den demokratischen Normen der UNO und der Länder der freien Welt garantiert wird“. Diese Formulierung mag als Beispiel dafür gelten, wie das Verhältnis der Mehrheit eines Staatsvolkes gegenüber den Minderheiten nicht geregelt werden sollte. Die Diskriminierung wird sozusagen gleich in die Verfassung aufgenommen. Dabei hatte der Staat 1990 nur etwa 75% Kroaten! Die schwierige politische Entwicklung seither hat vor allem die Probleme der serbischen Minderheit in Kroatien (ebenso auch die der Kroaten in Serbien und in Bosnien) mit vielen Problemen belastet. Nur in einer langjährigen Entwicklung und in einem Umdenken der jüngeren Generation, im Entstehen eines demokratischen Geistes und einem Bewusstwerden der Bedeutung der Menschenwürde und der Menschenrechte kann hier ein Wandel eintreten. Dem angesehenen Zagreber Moraltheologen Marijan Valkovic geht es um eine wirksame Vertretung der Minderheiten im kroatischen Parlament (ebenso in den anderen Nachfolgestaaten des alten Jugoslawien), wo sie über ihre Minderheiten- und Menschenrechte mitreden und die entsprechende Gesetzgebung beeinflussen können[8].

Immer wieder brauchen wir Persönlichkeiten, die sich für die Menschenrechte und die Minderheiten einsetzen.

Die Preisträgerin des Internationalen Nürnberger Menschenrechtspreises Fatimata M`Baye aus Mauretanien hat in ihrer Dankrede am 26. September 1999 darauf hingewiesen, dass sie sich immer wieder gegen soziale Ungerechtigkeit und Menschenrechtsverletzungen in ihrer Heimat aufgelehnt habe. Sie sei Zeugin der Unterdrückung, Verachtung und Erniedrigung geworden. Als Anwältin habe sie mit Berufskollegen und anderen Persönlichkeiten Vereinigungen organisiert, die das Ziel haben, jeder Form von Menschenrechtsverletzungen entgegenzuwirken. Dabei geht es auch um die Reste der alten Sklaverei und ihrer modernen Erscheinungsformen, um die Diskriminierung der schwarzafrikanischen Bevölkerung Mauretaniens, der auch die Preisträgerin entstammt. Fatimata M`Baye sprach in diesem Zusammenhang von Benachteiligungen der Frauen, Einschränkungen des Rechtes auf Versammlungs- und Vereinigungsfreiheit sowie der Pressefreiheit, aber auch von summarischen Hinrichtungen ohne ordentliches Gerichtsverfahren, von willkürlichen Verhaftungen und menschenverachtenden Haltungen und Handlungen staatlicher Organe. Mit Recht sprach die Preisträgerin von der Tatsache, dass zwar fast alle UNO-Mitgliedstaaten die Allgemeine Erklärung der Menschenrechte unterschrieben haben, die Grundsätze dieser Erklärung auch in afrikanische Verfassungstexte aufgenommen wurden, auch in regionale afrikanische Charten, dass aber die Regierungen vielfach eben diese Menschenrechte nicht beachten!

Konfliktausgleich als christliche Herausforderung

Es wurde schon hervorgehoben, dass sehr viele Konflikte auf nationaler wie auf internationaler Ebene durch Minderheitenprobleme ausgelöst werden. So geht es beim Versuch, die Rechte der Minderheiten sicherzustellen, im besonderen auch um Aufgaben der Konfliktschlichtung, der Vermeidung von Konflikten und ihrer Intensivierung. Die christlichen Kirchen haben hier besondere Aufgaben – aber auch schon viel geleistet in der Konfliktschlichtung!

Der Nord-Irland-Konflikt scheint das Gegenteil zu beweisen: Die Hintergründe liegen hier aber in den nationalen und nicht den religiösen Gegensätzen. Der durch Jahrzehnte schwelende Nordirland-Konflikt kann auch nach der politischen Lösung 1999 nur dann als beendet angesehen werden, wenn die feindlichen Gruppierungen in einem langen Versöhnungsprozess zusammenfinden. Dazu bedarf es der immer neuen Anstrengungen der christlichen Kirchen in Nordirland wie auch in England und Irland. In diesem Sinn haben wir in letzter Zeit eine Reihe ernster Mahnungen vernommen, wie den Appell des nordirischen katholischen Erzbischofs Sean Brady von Armagh: Gegenseitiges Vertrauen sei der wichtigste und größte Beitrag, den die Christen zum Aufbau einer friedlichen Gesellschaft leisten könnten! Eine gemeinsame Regierung von Katholiken und Protestanten und die Teilautonomie Nordirlands muss von einem breiten Konsens der Bevölkerung getragen sein; nur so ist eine dauerhafte friedliche Lösung möglich.

Als Mittler in nationalen und religiösen Konflikten sieht sich der griechisch-orthodoxe Patriarch Bartholomaios I., das Ehrenoberhaupt der Weltorthodoxie: Bei einer Reihe von Veranstaltungen, so beim *Donau-Symposium* im Herbst 1999, hat der Partiarch zum Frieden und Ausgleich gemahnt: Besonders Südosteuropa, der Donauraum, der Balkan haben mit ihrem multiethnischen Charakter nur eine Zukunft, wenn Toleranz anstelle der Gewalt und eines nationalistischen Denkens tritt; dies nicht nur für den Kosovo und Bosnien, sondern für die gesamte Großregion. Gerade beim *Donau-Symposium*, das ja in Form einer Schiffsreise auf der Donau gestaltet wurde, konnte der Patriarch die Zusammengehörigkeit der „Donau-Völker" und „Donau-Konfessionen" nachdrücklich herausstellen!

Bartholomaios I. ist auch besonders bemüht, die Beziehungen zwischen der Türkei und Griechenland zu verbessern. Das Ökumenische Patriarchat versteht sich als Brücke zwischen diesen beiden traditionell durch Konflikte belasteten Staaten. Dem Patriarchen geht es um „spirituelle Mittel" bei dieser Vermittlungsaufgabe. Bartholomaios I. sagte in diesem Zusammenhang, dass es an der Schwelle zum dritten Jahrtausend nicht mehr verständlich sei, dass sich Menschen voneinander isolieren!

Eine der großen Aufgaben im europäischen Friedensprozess im neuen Jahrtausend wird die Schaffung zukunftsweisender Lösungen im Kosovo sein. Der serbisch-orthodoxe Bischof Artemije hat nachdrücklich herausgestellt, dass die Hoffnung aller Serben im Mutterland ebenso wie im Kosovo von einer wirklichen und dauerhaften Demokratisierung abhänge.

Der Belgrader serbisch-orthodoxe Patriarch Pavle I. hat vor einiger Zeit gesagt, dass „ethnisch saubere" Länder in dem Sinn unchristlich seien, wenn man vorher die Minderheiten vertrieben habe. Als Mitarbeiter Gottes müssten sich die Christen für das Wohl aller Menschen im Staat einsetzen. Pavle war früher lange Zeit Bischof im Kosovo gewesen.

Das Oberhaupt der Albanisch-Orthodoxen Kirche Erzbischof Anastasios hat betont, dass die einzige Chance, die Menschen auf dem Balkan zu einem Zusammenleben zu bringen und sich in das übrige Europa zu integrieren, durch eine Zusammenarbeit auch der Religionsgemeinschaften ermöglicht werde. Die wahre Tragödie sei der Hass, der in den vergangenen Jahren aufgekommen ist. Es gelte nun, die Spirale der Gewalt zu stoppen.

Die überaus starke nationale Differenzierung im Kaukasus, so auch in dem der Russischen Föderation verbliebenen Raum, zeigt die Notwendigkeit einer Politik, die auf die kulturelle und sprachliche Eigenständigkeit der einzelnen nationalen Gruppierungen möglichst Rücksicht nimmt. In der gesamten Russischen Föderation mit ihren 89 teilautonomen Gebilden bestehen in dieser Hinsicht große

Schwierigkeiten, in der Kaukasus-Region scheinen sie nahezu unlösbar. Wenn etwa von 30 nationalen Gruppen in Dagestan gesprochen wird, wird die Herausforderung deutlich: Es geht um eine Politik, die Solidarität der Bewohner der einzelnen Republiken oder teilautonomen Regionen mit einer wirklichen Subsidiarität verbindet.

Nur wenige Jahre konnte der armenische Patriarch Karekin I. als Katholikos aller Armenier wirken, nachdem er durch Jahrzehnte hindurch in der Diaspora tätig war, unter den weltweit verstreut lebenden Armeniern; sie sind Minderheiten in vielen Ländern! Mit der Unabhängigkeit seines Heimatlandes ist aber nicht nur das nationale Selbstbewusstsein der einer so alten Kultur verbundenen Armenier gewachsen, sondern auch ihre tiefe Verwurzelung in ihrer Kirche. Karekin hatte immer wieder bis zu seinem Tod im Jahre 1999 betont, dass das armenische Mutterland seit seiner Unabhängigkeit 1991 vor die gewaltige Herausforderung gestellt sei, die demokratische Erneuerung und den Aufbau einer freiheitsorientierten Gesellschaft zu bewältigen, dies inmitten einer durch nationale Gegensätze bestimmten Umgebung.

In ihrer Schlusserklärung hat die Vollversammlung der Europäischen Katholischen Bischofskonferenz in Athen (1999) dazu aufgerufen, sich für den Frieden im Kosovo und in Tschetschenien einzusetzen. Es wurde nachdrücklich daran erinnert, dass Europa eine multinationale, multiregionale und multiethnische Gesellschaft sei, die auf ein friedliches Miteinander und eine gegenseitige Toleranz begründet sein müsse: Durch Gewalt würden letztlich alle verlieren, während der Friede allen zum Vorteil gereiche. Diesem Ziel sollte auch ein verstärkter ökumenischer Dialog der Kirchen dienen.

Die Katholische Kirche hat auch von der EU eine positive Haltung zur Immigration verlangt: Die Zuwanderung anderer Menschen müsse auch als Chance gesehen werden, eine kulturelle, soziale und wirtschaftliche Bereicherung zu erfahren. Eine Arbeitsgruppe *Migration* der Kommission der EU-Bischofskonferenzen hat auch darauf hingewiesen, dass innerhalb der EU kein gemeinsames Asylverfahren eingeführt worden sei (1999). Auch der Europarat und die OSZE haben in der Minderheitenfrage zukunftsweisende Aufgaben. Die aus Österreich stammenden Generalsekretäre des Europarates Lujo Toncic und Franz Karasek haben dieser Aufgabe schon in der

Vergangenheit große Bedeutung eingeräumt. Karasek war besonders um die Öffnung des Europarates für die Oststaaten Europas bemüht: Damit wurden für diese Länder, die mit ihren Minderheiten besondere Anforderungen an eine menschenrechtsorientierte Politik stellen, neue Chancen eröffnet.

Weltweite Verbreitung der Konfliktherde

In Afrika sind die Minderheitenprobleme geradezu „vorprogrammiert“: Die staatlichen Grenzen fallen nur selten mit dem Siedlungsgebiet von Völkern und Stämmen zusammen. Die meisten schwarzafrikanischen Länder haben eine multiethnische Struktur. Ein besonderes Beispiel ist Nigeria, in dem auch die Gegensätze der Christen und Muslime immer wieder hervortreten; beiden Religionsgruppen gehören etwa je 45% der Bevölkerung an. In letzter Zeit haben im Teilstaat Zamfara im Norden des Landes die Moslems einen Beschluss zur Einführung der Sharia, des islamischen Strafrechts durchgesetzt. Mit Recht berufen sich die Christen darauf, dass dies der religiös neutralen Bundesverfassung widerspricht. Seit Jahrzehnten erschüttern ähnliche Konflikte das schwer regierbare Land.

Langjährige Bürgerkriege gibt es auch im Sudan. Die rassischen Gegensätze zwischen der arabischen Mehrheit und der schwarzafrikanischen Bevölkerung im Süden des Landes sind auch durch religiöse Spannungen gekennzeichnet. Immer wieder kommt es zur Verfolgung von Christen, besonders führender Persönlichkeiten der Kirchen.

Für die innerstaatlichen nationalen Konflikte in einer Reihe afrikanischer Länder ist das Interesse der führenden Medien weltweit gering oder gar nicht vorhanden. Die nationale Zersplitterung ist in Schwarzafrika auch dadurch gekennzeichnet, dass es gegenüber den anderen großen Regionen der Welt keine Sprache hervorgebracht hat, die als gemeinsames Kulturgut und Verständigungsmittel über alle nationalen Gruppierungen und Grenzen hinweg einsetzbar wäre. Die großen Weltsprachen haben entscheidende Bedeutung für die Vermittlung der maßgebenden kulturellen Werte: Es ist von großem Nachteil für die schwarzafrikanische Welt, dass hier auf die europäischen Sprachen, besonders Englisch und Französisch, gegriffen werden muss.

Bei der Weltkonferenz der Religionen für den Frieden in Amman 1999 wurde wiederholt hervorgehoben, dass durch die friedensstiftende Kooperation von Christen und Muslimen entscheidend zur Lösung schwerer Konflikte beigetragen wurde, so etwa in Sierra Leone und in Liberia. Auch der kurz vorher gewählte Präsident des größten mehrheitlich muslimischen Landes Indonesien, Abdurrahman Wahid war seit langem am interreligiösen Dialog beteiligt. Entscheidend ist nicht nur das Engagement der Glaubensgemeinschaften für den Frieden inner- und zwischenstaatlich, sondern besonders auch die politische Betätigung führender Persönlichkeiten aus den Religionen, die sich für religiöse Toleranz einsetzen.

Saudi-Arabien gilt als ein Land, in dem die islamische Gesetzgebung, die Sharia, besonders streng gehandhabt wird. So sind Verstümmelungen und öffentliche Hinrichtungen Bestandteile des Strafvollzuges. Nun hat die in Washington ansässige Menschenrechtsgruppe *International Christian Concern* auf diese Probleme nachdrücklich hingewiesen. Von der saudiarabischen Gerichtsbarkeit sind nicht nur die Staatsbürger, sondern auch die sehr zahlreichen Gastarbeiter, vielfach auch asiatische Christen und Buddhisten betroffen. Besonders kritisiert wird in diesem Zusammenhang auch das Fehlen eines Grundrechts auf Religionsfreiheit, ja auch des Rechts auf interne Ausübung einer anderen als der islamischen Religion, etwa nichtislamische Versammlungen abzuhalten.

Indien kann als das größte multiethnische Land der Welt angesehen werden. Seine Zukunft hängt entscheidend davon ab, ob es gelingt, diesen Vielvölkerstaat mit seinen zahlreichen Religionen im Geist der Toleranz und hohen politischen Kultur zu integrieren. Dabei scheinen die sozialen Gegensätze durch das noch lange nicht überwundene Kastenwesen und die unvorstellbare Armut eines sehr großen Teiles der Bevölkerung auch in einer langen Entwicklung kaum lösbar. Mit dem Überschreiten der Milliardengrenze der Bevölkerung Indiens und einer nach wie vor hohen Geburtenrate sind trotz relativ guter wirtschaftlicher Entwicklung Lösungen auch in einer sehr weiten Zukunft schwer denkbar. Wenn auch die Hindus etwa 80% der Bevölkerung ausmachen, verteilt sich das restliche Fünftel auf viele religiöse Bekenntnisse, sind aber auch die Hindus keine einheitliche religiöse Großgruppe. Es gibt kein Land der Welt, das vor derart gigantischen Aufgaben steht: Politische Stabilität im

Sinne einer dem Geist Mahatma Gandhis entsprechenden Toleranz dürfte eine erstrangige Bedeutung haben, wenn die gewaltigen ökonomischen, sozialen und kulturellen Aufgaben im neuen Jahrtausend gelöst werden sollen. Indien könnte aber auch einen entscheidenden Beitrag zur Thematik der Minderheiten und der Menschlichkeit bringen, wenn das Andenken an den großen Gandhi als eine Herausforderung und nicht nur als ein Akt der Pietät angesehen wird. Auch Johannes Paul II. hat bei seinem letzten Indien-Besuch von der Notwendigkeit gesprochen, dass ein Dialog der Religionen ohne Anspruch auf Vorherrschaft notwendig sei. Auf jeden Fall werden in einem von so starken religiösen Kräften bestimmten Land die Religionen eine unvertretbare Aufgabe bei der Verwirklichung der genannten gesellschaftspolitischen Ziele haben.

Es gibt weltweit eine Reihe nahezu unlösbarer Konfliktsituationen von Minderheiten. Der langjährige Bürgerkrieg in Sri Lanka ist ein besonders tragisches Beispiel: Der immer wieder aufflackernde Konflikt der singhalesischen Mehrheit gegen die weniger als 20% Tamilen wird auch durch eine Reihe zusätzlicher regionaler, nationaler und religiöser Probleme verschärft; die Singhalesen fühlen sich besonders dem Buddhismus verbunden. Der relativ hohe Bildungsstand hat ebenso wenig wie die für Asien überdurchschnittliche Wirtschaftskraft des Landes zu einer Lösung beitragen können. Versuche, dem Land eine mehr föderalistische Struktur zu geben und damit auch den Tamilen eine gewisse Autonomie einzuräumen, sind bisher gescheitert.

Zukunftsperspektiven

Die zahllosen Konflikte, die durch die Existenz von Minderheiten ausgelöst oder verschärft werden, lassen es sinnvoll erscheinen, taugliche Konfliktregelungsmechanismen zu finden. Es wird auch im dritten Jahrtausend nicht möglich sein, diese Konflikte auszuschalten: Es wird aber angesichts der großen Gefahren, die durch die Interdependenz der Staaten, durch die vielfältigen Verflechtungen von Minderheiten in den verschiedenen Ländern für die Friedensordnung gegeben sind, notwendig sein, diese Konflikte zu begrenzen und mit friedlichen Mitteln auszugleichen. Ralf Dahrendorf geht in diesem Sinn von einem pragmatischen Konfliktmodell aus: Konflikte müssen demnach erträglich gemacht werden; nicht immer können die Ursachen beseitigt werden[9]. Auch in einer fernen Zukunft wird das größte Volk ohne eigenen Staat, die Kurden, nicht die Gründung eines Kurden-Staates durchsetzen können. In Vielvölkerstaaten wie Indien wird es auch nur pragmatische Konfliktlösungen geben; ebenso in vielen anderen asiatischen und vor allem afrikanischen Ländern.

Der bekannte Sozialethiker Anton Rauscher hat hervorgehoben, dass es um eine gemeinsame Wertbasis geht: Dies zunächst auf der Ebene der einzelnen Staaten, in denen Minderheiten leben, dann aber auch weltweit, soweit dies möglich ist. „Es ist letzten Endes eine Frage der Ordnung der menschlichen Beziehungen, wobei Ordnung nicht statisch, nicht als fertiger Zustand, sondern dynamisch als ständige Aufgabe begriffen werden muss“[10].

Es geht um eine politische Kultur, die durch hohe Stabilität gekennzeichnet ist. Dies bedingt gewisse Handlungsweisen im politischen System, so die Sicherung des sozialen Friedens – etwa durch eine Sozialpartnerschaft. Gerade hier zeigt sich der große Wert von einem Konfliktlösungssystem, wie es sich in Österreich, Deutschland, der Schweiz und den nordischen Staaten bewährt hat. Wird dagegen das politische System und die Wirtschaft durch ständige Streiks und Aussperrungen belastet, entsteht auch in anderen Bereichen ein Klima der Gewalt und des Konflikts (H. Pribyl)[11].

Auch in der Frage der Sicherung der Rechte der Minderheiten können Konfliktregelungsmechanismen eingeführt werden, so Volksgruppenbeiräte, welche die Regierung beraten können. Für die Kirchen und die religiösen Minderheiten könnten ähnliche Organe vorgesehen werden; viel ist schon durch eine Zusammenarbeit der Kirchen gegeben, wie sie Kardinal Franz König immer wieder vorgeschlagen und nicht nur für Österreich durchgesetzt hat. Immer wichtiger wird die internationale Kooperation der Kirchen in Form der Ökumene. Die Minderheitenprobleme werden lösbar, wenn Konsens und Konkordanz die politischen Systeme bestimmen und die politische Kultur prägen. Auch hier geht es um die Anerkennung grundlegender Werte, wie der bekannte Politikwissenschafter Heinrich Schneider hervorgehoben hat. So geht es um eine politische Kultur, die den „gruppenübergreifenden Zusammenhang“ fördert[12]: Die

Minderheiten müssen als gegebene Bestandteile der Gesellschaft gesehen werden, mit einer entsprechenden Mitsprache in den politischen Entscheidungsgremien des Staates.

Unsere Zeit ist eine Periode eines umfassenden Wertewandels. Wir sehen dabei auch sehr positive Signale: So die hohe Einschätzung des internationalen wie des innerstaatlichen Friedens, der Menschenrechte und der Sicherung einer lebenswerten Umwelt durch sehr viele Menschen. Bei Meinungsbefragungen gewinnen diese Themen vielfach breite Zustimmung. Anders steht es mit konkreten Haltungen gegenüber Minderheiten: Es wird in vielen Staaten deutlich, dass Ausländerfeindlichkeit, ablehnende Haltungen gegenüber Asylwerbern ebenso wie gegenüber im Staat seit langer Zeit lebenden Minderheiten nach wie vor sehr verbreitet sind. Es wurde auf solche Haltungen hingewiesen, so im Fall der Roma und Sinti; der Antisemitismus ist nicht mit dem Ende des Nationalsozialismus ausgestorben. Es wird zu einer ganz entscheidenden Aufgabe der christlichen Kirchen und Glaubensgemeinschaften, sich nachdrücklich für eine Gesellschaftsordnung einzusetzen, die den Minderheiten volle Menschenrechte sicherstellt. Dies ist nur möglich, wenn von einem umfassenden Begriff der Gerechtigkeit ausgegangen wird.

Kultur der Solidarität

Im Mittelpunkt jeder Christlichen Soziallehre steht die Solidarität. So ist in der Katholischen Soziallehre ebenso wie in der Evangelischen Sozialethik, in den sozialen Lehraussagen der orthodoxen wie der altorientalischen Kirchen, in programmatischen Thesen anderer christlicher Kirchen wie der Methodisten oder Baptisten, die Überwindung nationaler oder religiöser Gegensätze, im besonderen der Benachteiligung bestimmter Bevölkerungsgruppen enthalten. In diesem Sinn sind alle christlichen Kirchen und Glaubensgemeinschaften, die meist selbst in einem Minderheitenstatus sind, ganz wesentlich dazu verhalten, die Grundidee der Solidarität in der staatlichen Gemeinschaft wie auf internationaler Ebene herauszustellen. Dieses Solidaritätsprinzip als erstrangiger Ordnungsgrundsatz zwingt die „Schicksalsgemeinschaft Staat" (Ignaz Seipel) zur Zusammenarbeit aller Bevölkerungsgruppen: Seipel, ein Vertreter der Staatslehre – als Professor wie später als österreichischer Bundeskanzler – hat sowohl die Monarchie mit ihrer großen Zahl an Nationalitäten erlebt wie die konfliktreiche Situation der kleinen Republik nach dem Ersten Weltkrieg; er hat den Staat als Summe der Völker, Stämme, Familien und Individuen gesehen, die ein gemeinsames Schicksal zu einer dauerhaften politischen Einheit zusammenführt[13].

Johannes XXIII. hat in seiner Enzyklika *Pacem in terris* nicht nur einen Katalog von Menschenrechten vorgelegt, sondern auch gemahnt, dass es eine schwere Verletzung der Gerechtigkeit sei, wenn völkische Minderheiten in ihrer Lebenskraft unterdrückt werden. Es gehe vielmehr darum, „die Lebensbedingungen der Minderheiten zu heben, namentlich in dem, was deren Sprache, Kultur, Herkommen und Gebräuche sowie wirtschaftliche Unternehmungen und Initiativen betrifft" (96).

In einem weiteren Grundgedanken stimmen die Katholische Soziallehre, die Evangelische Sozialethik, aber auch wesentliche Lehraussagen orthodoxer und altorientalischer Kirchen überein: Dass die Gleichheit aller Menschen aus dem Wesen der Menschennatur hervorgeht, dass der Staat daher die Aufgabe hat, eine Gesellschaftsordnung zu sichern, in der das Gleichheitsprinzip und damit eine Anerkennung der Menschenwürde in allen gesellschaftlichen Bereichen verbürgt ist. Für die Minderheiten bedeutet dies, dass sie ihre wesenhaften Lebenszwecke verwirklichen können. Der große österreichische Sozialethiker Johannes Messner sieht die Chance für diese Erfüllung der existentiellen Lebenszwecke in der Selbsterhaltung des Menschen, in seiner sozialen Anerkennung, seiner Selbstvervollkommnung, in der Sicherstellung einer bestmöglichen Ausbildung und geistigen Entfaltung, in der Vorsorge des notwendigen Einkommens und einer entsprechenden beruflichen und gesellschaftlichen Position, in der Mitwirkung am kulturellen und politischen Leben, dies in den kleineren und größeren Gemeinschaften, in denen der Mensch lebt und nicht zuletzt in der Chance, Einsicht in die endgültige Bestimmung des Menschen zu gewinnen, damit Anteilnahme am religiösen Leben zu haben[14].

Vielen Menschen wird es angesichts einer verbreiteten „Endzeitstimmung“ immer schwerer, einen Sinn im einzelnen Leben, aber auch im Ganzen der gesellschaftlichen Entwicklung zu finden. Dem Fortschrittsdenken, das weite Perioden des 19. Jahrhunderts bestimmt hat, sind im 20., dem Jahrhundert der Weltkriege und totalitären Diktaturen, Anzeichen starker Zukunftsskepsis gefolgt. Die gesamte menschliche Existenz scheint brüchiger geworden zu sein. Dem entspricht auch ein Verlust der Transzendenz, ein Schwinden religiöser Werte. Josef G. Cascales weist darauf hin, dass eine positive Sicht des Lebenssinnes wieder mehr hervortreten müsse; ein sinnloses Leben werde auch zu einem freudlosen Dasein! Die ganze Natur dränge den Menschen zum Sinn; er brauche immer eine unmittelbare Sinngebung für sein Handeln[15].

Der Grundsatz „Jedem das Seine“ *(suum cuique)* der traditionellen Naturrechtslehre bedeutet nicht „Jedem das Gleiche“. Minderheiten dürfen nicht benachteiligt werden; manchmal müssen sie sogar begünstigt werden, wenn ihre Existenz erhalten werden soll: Die Entscheidung, wieviele Kinder einer solchen Minderheit vorhanden sein müssen, um einen Unterricht in ihrer Muttersprache sicherzustellen, ist von großer politischer Verantwortung. Hier sind großzügige Lösungen ein Zeichen hoher politischer Kultur! In der Enzyklika *Octogesima adveniens* (1971) wird festgestellt, dass alle Glieder

der menschlichen Gesellschaft die gleiche Menschenwürde haben, mit gleichen Grundrechten und Grundpflichten (16); dies bedingt auch den gleichen Zutritt zum wirtschaftlichen, kulturellen, politischen und sozialen Leben in der staatlichen Gesellschaft.

Autonomie und Unabhängigkeit

Wenn es auch klar ist, dass nicht jede Minderheit – auch wenn sie in einer Region innerhalb eines Staates die Mehrheit stellt – ein Recht auf staatliche Unabhängigkeit durchsetzen kann, gibt es doch eindeutige Rechte auf Autonomie: Der Wiener Sozialethiker Rudolf Weiler stellt dazu fest, dass jedes Volk und jede Nation, jeder Stamm berechtigt ist, sein geistig-kulturelles Eigenleben zu führen. Dies könne im Fall nationaler Minderheiten in der Sicherung der eigenen Kultur auch autonome politische Rechte begründen, so gegenüber der Mehrheit im Staat. Weiler sagt aber auch, dass diese Minderheiten die Pflicht hätten, von der Basis her ihre geistig-kulturellen Werte zu pflegen![16] Wir erfahren immer wieder von den bedeutenden Anstrengungen solcher Minderheiten, ihr Volkstum zu behaupten. Ein eindrucksvolles Beispiel waren die deutschsprachigen Südtiroler in der Zeit der faschistischen Diktatur in Italien.

Die neuere Geschichte kennt allerdings immer wieder Beispiele, dass Minderheiten in einer langen Entwicklung einen eigenen Staat errichten können. Dies gilt für die Slowakei und Slowenien; beide Länder hatten allerdings schon eine Autonomie im größeren Staatsverbund der Tschechoslowakei bzw. Jugoslawiens erreicht. Sowohl im Fall der Slowakei als auch Sloweniens war es eine weit zurückreichende Tradition, weiters die sehr bewusste Pflege des Volkstums, ebenso eine deutliche sprachliche „Abgrenzung“, die schließlich die Voraussetzungen für die staatliche Selbständigkeit geschaffen haben. In der Österreichisch-Ungarischen Monarchie stellten die Slowenen eine der kleineren nationalen Minderheiten dar. Im 19. Jahrhundert wurden wichtige kulturelle Leistungen gesetzt, die für die Entwicklung der slowenischen Nation entscheidend waren: So hat der Bischof von Lavant in Kärnten, Anton Martin Slomsek, 1859 eine Verlegung seines Bischofsitzes von St. Andrä im Lavanttal nach Marburg (Maribor) durchgesetzt. Slomsek war auch Dichter und Schriftsteller und hat viel für die Entwicklung der slowenischen

Sprache und Kultur getan. Immer hat der Bischof auf die große Bedeutung der Muttersprache hingewiesen, welche die Menschen bewahren und weitergeben müssten.

Volkstum und Kulturordnung

Volkstum umfasst alle Bereiche der Sprach-, Lebens- und Kulturgemeinschaft eines Volkes: In diesem Sinn muss die Pflege des Volkstums gerade den ethnischen Minderheiten ein besonderes Anliegen sein! Die Grund- und Freiheitsrechte sollen in jedem Staat, in dem Minderheiten leben, diesen die Möglichkeit geben, die Erhaltung und Weiterentwicklung ihrer Sprache und ihrer traditionellen Volkstumswerte sicherzustellen, die wie Brauchtum, soziale Lebensformen, Wohnkultur und Kunst von maßgebender Bedeutung für die gesellschaftliche und geistige Entwicklung sind. Die christlichen Kirchen haben viel in dieser Richtung geleistet. Wir sehen aber auch, dass sich diese Kirchen auch nach langen Zeiten von Verfolgung und Unterdrückung erhalten haben, wenn sie im Volkstum verankert waren. Dafür bieten vor allem die orthodoxen und die altorientalischen Kirchen, aber auch die Katholische Kirche viele Beispiele, so besonders in Russland, in Polen, in den baltischen Staaten, in der Slowakei und den anderen ehemals kommunistischen Ländern Ost- und Südosteuropas. Aber auch in jenen Ländern, in denen das frühe Christentum sich in den ersten Jahrhunderten ausgebreitet hat, sind noch die alten Kirchen an vielen Orten und in einzelnen Regionen vertreten.

So gesehen ist uns bewusst, dass die Vielfalt des Christentums, wie sie gerade in den orthodoxen und altorientalischen Kirchen gegeben ist, Reichtum und nicht Zerfall bedeutet: Es geht, wie schon hervorgehoben wurde, um die Vielfalt in einer größeren Einheit!

„Innerchristliche“ Konflikte dürfen nicht überbewertet werden, wie sie etwa zwischen den orthodoxen und den mit Rom unierten Ostkirchen bestehen. Gerade diese Kirchen haben die Volkstumswerte gepflegt und weiterentwickelt. Alle diese Kirchen haben große Verdienste um die Erhaltung einer weit zurückreichenden Kultur. Auch die Vielfalt des liturgischen Lebens dieser Kirchen ist positiv zu sehen. In diesem Sinn hat auch der römisch-katholische Präfekt der Ostkirchen-Kongregation, Kardinal Silvestrini, wiederholt gemahnt, dass die mit Rom unierten Kirchen spirituelle und liturgische Identität stärken und übereilte Angleichungen an den lateinischen Ritus korrigieren sollten. Die Vielfalt des Christentums kommt besonders auch in den alten Patriarchaten im Nahen Osten zum Ausdruck: In Jerusalem und den anderen Städten mit den auf die Anfänge des Christentums zurückgehenden Patriarchaten ist dieses Erbe unverzichtbar! Die orthodoxen und altorientalischen Kirchen dieser Regionen haben auch religiöse Zentren, die weit über die einzelnen Länder hinaus von großer kultureller Bedeutung sind. So ist Tur Abdin in der Südosttürkei nicht nur der „heilige Berg" der Syrischen Kirche, sondern als aramäische Sprachinsel auch ein bedeutendes Symbol der Christenheit: Die Sprache von Jesus wird heute nur mehr von kleinen Minderheiten gesprochen.

Immer wieder versuchen einzelne Staaten, die Angehörigen von Minderheiten zur Auswanderung zu veranlassen; diese „Lösung" der Minderheitenfrage ist unmoralisch und unmenschlich. Die kulturelle Vielfalt der betroffenen Länder wird dadurch beeinträchtigt. Christliche Kirchen bemühen sich etwa im Nahen Osten, ihre Gläubigen von einem solchen Exodus abzuhalten. Dieser Nahe Osten ist als Heimat des Christentums von besonderer Bedeutung. So hat der syrisch-katholische Erzbischof J. B. Hindo vor kurzem wieder betont, dass die orientalischen Christen nicht „Museumskirchen" sein sollen, sondern mehr denn je gemeinsame Wege gehen müssten: Die große Zahl der Kirchen, die durch die Geschichte bedingt ist, macht eine Zusammenarbeit oft schwierig; für den Aussenstehenden wird es kaum möglich, die Situation in Städten zu überschauen, in denen eine Reihe von Bischöfen der einzelnen Riten und der alten Kirchen beheimatet sind.

Pflege des Volkstums bedeutet nicht Nationalismus! Es ist Aufgabe der christlichen Kirchen, die Volkstumswerte in einer Weise zu fördern, die zu einer möglichst konfliktfreien Situation in Ländern mit nationalen, sprachlichen oder religiösen Minderheiten führt. Dabei geht es auch darum, einer nationalistischen Überbewertung entgegenzuwirken. Manches kann die Welt von Osteuropa lernen: So ist die tiefe Verankerung der Religion im Volkstum etwa in Polen und Russland, in der Ukraine und Litauen – um nur einige Länder zu nennen – ein Zeichen der Hoffnung: In allen diesen und anderen Ländern Osteuropas waren die Kirchen schweren Verfolgungen ausgesetzt. Nur diese Verwurzelung der Religion im Volkstum konnte immer neue christliche Lebenskräfte hervorbringen.

Für die Zukunft geht es immer mehr darum, in diesen wie in anderen Ländern die „Stimme der Kirchen gemeinsam hörbar zu machen“, wie der polnische Kardinal Józef Glemp wiederholt gesagt hat. Trotz aller Konflikte zwischen den Orthodoxen und der Katholischen Kirche zeigen sich auch immer mehr gemeinsame Ziele. Glemp sagt, die Kirchen sollten im europäischen Integrationsprozess immer mehr gestaltende Kraft für die geistige Einheit werden.

Johannes Paul II. hat die nordostitalienische Region Friaul-Julisch-Venetien ein Modell für die Koexistenz verschiedener ethnischer Gruppen genannt: Es gehe hier um ein Zusammenleben auf der Basis des Respekts für die kulturellen Identitäten der einzelnen völkischen und sprachlichen Gruppierungen. In diesem Zusammenhang hat der Papst auch auf die großen Werte der kirchlichen und kulturellen Tradition hingewiesen; es ist das Christentum, dessen lebendige Kraft in dieser Region ausgleichend wirkt. Eine Minderheitensprache in dieser Region stellt das „Furlanische“ dar, eine östliche Variante des Alpenromanischen. Mit diesen in einer weit zurückliegenden Vergangenheit begründeten Sprachen werden beachtliche kulturelle Werte in das neue Jahrtausend vermittelt.

Probleme der ethnischen Randgruppen

Die Sorge für Randgruppen stellt einen bedeutsamen Schwerpunkt der pastoralen und sozialen Arbeit christlicher Kirchen und Glaubensgemeinschaften dar. Schon durch ihre Missionstätigkeit sind die Kirchen seit langer Zeit in diesem Bereich tätig. Es geht hier aber vielfach um die Erhaltung wichtiger kultureller Werte: So haben die christlichen Kirchen viel zur Pflege der Sprachen kleiner ethnischer Minderheiten getan. Ganz allgemein geht es um ein Engagement christlicher Kirchen zugunsten von Minderheiten, die es schwer haben, ihre Identität und Tradition zu behaupten.

Johannes Messner sieht in der Sprache und der Tradition die wichtigsten Kennzeichen der Kultur als Lebensform. Die Sprache ist das „Mittel zur Vermittlung der Tradition"; sie selbst ist „Ausdruck geistiger Gehalte", wie Messner hervorhebt. Als Bestand der gesellschaftlich überkommenen Vorstellungs-, Denk- und Wertungsweisen und der darauf beruhenden Haltungen, Sitten und Einrichtungen ist die Tradition für an den Rand gedrängte Gruppen die Möglichkeit des Überlebens ihrer Kultur[17].

Die Sprache ist das wohl wichtigste Vermittlungsinstrument zwischen den Menschen. Das Christentum weiß um die Bedeutung der Sprache: Das „Wort" steht am Beginn des Johannes-Evangeliums! In der Weiterführung der Sprachen auch kleiner ethnischer Gruppen kann eine wichtige kulturelle Aufgabe gegeben sein. In ihrer Lyrik weist Gisela Klose auf die Erkenntnis hin, dass es oft genügt, wenn nur wenige immer wieder Gottes Schöpfung weiterführen – diese kommt eben auch im Reichtum an ethnischen Gruppen und der Vielfalt der Sprachen zum Ausdruck![18]

Wenn etwa „weiße" Kinder in manchen australischen Schulen die Sprache eines Stammes der Ureinwohner, der „Aborigines" erlernen, erscheint das aus praktischer Sicht wenig sinnvoll: Dieser Stamm hat wohl nur einige Hundert Angehörige. Das gemeinsame Erlernen einer Sprache durch die Kinder der Mehrheit und der Minderheit der Ureinwohner hat aber wichtige kulturelle und humane Ziele: Solche

Projekte fördern das wechselseitige Verständnis für die Volkstumswerte, erleichtern die Integration der Ureinwohner in die herrschende Kultur Australiens, geben aber auch der Bevölkerungsmehrheit Einblick in eine alte Kultur, die Jahrtausende vor der Besiedlung des Kontinents durch Europäer vorhanden war.

Der 1999 verstorbene brasilianische Erzbischof Dom Helder Camara hat sich lange Zeit hindurch für die Indios und ganz allgemein für die meist „farbigen" ärmeren Schichten des Landes eingesetzt. Die unbeugsame Haltung, die der neunzigjährige Erzbischof zum Ausdruck gebracht hat, war von der Überzeugung der Würde jedes Menschen bestimmt. Der Traum Camaras von einem dritten Jahrtausend ohne Elend ist noch in weiter Ferne.

Die oberösterreichische Landesregierung hat dem seit zwanzig Jahren in Brasilien wirkenden Bischof Richard Weberberger (Diözese Barreiras) den Menschenrechtspreis 1999 verliehen. Der Bischof setzt sich besonders für die Armen, die Aidskranken und Obdachlosen ein. Im Sinne der Enzyklika *Redemptor hominis* hat Weberberger in seinem Dankschreiben die Einmaligkeit jedes Menschen betont: Sein Einsatz für Menschenrechte, für die „Ausgeschlossenen" ist von dieser Sicht christlicher Existenz bestimmt. Im besonderen geht es dem Bischof auch um die Straßenkinder – ein zur Zeit kaum lösbares, aber unerträgliches Problem dieses größten katholischen Landes der Welt. Weberberger sieht im Elend so vieler Menschen in diesem an sich reichen Land eine besondere christliche Herausforderung, die auch zur ökumenischen Zusammenarbeit führen muss; diese ist besonders zwischen der Katholischen und den evangelischen Kirchen in weitem Umfang gerade im karitativen Bereich wirksam geworden. Dabei geht es immer wieder auch um Minderheiten!

Mit großem Engagement hat sich die Katholische Bischofskonferenz Mexikos für die indigenen Gruppen in der Provinz Chiapas eingesetzt: Ihre Unterdrückung ist ein markantes Beispiel für eine negativ zu bewertende Minderheitenpolitik! Auch hier geht es um einen langandauernden Konflikt, dessen Lösung mehr denn je der Anstrengungen christlicher Kräfte und Persönlichkeiten bedarf!

Die neuere Geschichte des Kosovo hat gezeigt, dass auch eine Mehrheit in einem Land zur Randgruppe werden kann. Die Albaner im Kosovo waren eine Minderheit in Rest-Jugoslawien, aber eine starke Mehrheit in der autonomen Region: Eben diese Autonomie wurde aufgehoben. Die Ereignisse seither haben die Tragik des Schicksals einer Minderheit deutlich gemacht, aber auch die furchtbaren Folgen für die anderen früher und zum Teil auch heute im Kosovo lebenden Angehörigen der serbischen Bevölkerung und der Roma. Nationalitätenkonflikte mit einer solchen Konzentration von Elend und Leid, von Vernichtung menschlichen Lebens und Zerstörung eines Lebensraumes sind eine Mahnung, die Minderheitenpolitik nach humanen und sozialen Grundsätzen zu gestalten!

Existentiell bedrohte Minderheiten

Ein Beispiel für ein „Volk am Rande" sind die Roma und Sinti, die immer wieder verfolgt und vertrieben wurden. Auch hier hat die Zeit des Nationalsozialismus einen tragischen Höhepunkt bedeutet. Aber auch heute wird es diesen Volksgruppen in vielen Ländern schwer gemacht, ihre Identität zu behaupten oder nur ihre Existenz sicherzustellen. Dies gilt vor allem für Länder mit einer relativ großen Anzahl von Roma und Sinti, wie Rumänien, Ungarn, die Slowakei und Tschechien. Dieses hat mit der „Mauer" in Aussig, einer nordböhmischen Stadt, einen neuen Akzent in der ethnischen Diffamierung und Ausgrenzung gesetzt. Die Absperrung eines Wohnviertels der Roma ist in dieser Form eine Ghettoisierung, die eine Zumutung für alle Menschen darstellt, denen Menschenwürde und einfache Menschlichkeit ein echtes Anliegen ist. Die Tschechische Katholische Bischofskonferenz hat den Abriss dieser Mauer verlangt.

Der Roma National Congress im September 1999 in Wien hat darauf hingewiesen, dass sehr starke Gruppen dieses Volkes nach Westeuropa drängen, weil sie in ihren ehemals kommunistischen Heimatländern auch nach der politischen Wende keine Hoffnung für eine positive soziale und wirtschaftliche Entwicklung sehen. Im Gegenteil sei nach wie vor Angst vor Rassismus und Diskriminierung bei den Roma und Sinti gegeben. Besonders tragisch sei die Lage dieser Volksgruppen im Kosovo, wo sie nun gemeinsam mit den Serben von der albanischen Bevölkerung benachteiligt und zum Teil verfolgt werden. Als positives Beispiel eines Landes, das auch den

Roma Minderheitenrechte gewährleistet, wurde Mazedonien genannt.

Auch in Ozeanien geht es um die Erhaltung kleiner und kleinster Völker in den verschiedenen Inselstaaten. Identitätsverlust und weitreichende Umwertung traditioneller Wertvorstellungen stellen an diese Völker hohe Anforderungen. Soziale Auflösungserscheinungen bedrohen heute Familien- und Stammesverbindungen. Davon sind nicht nur die kleinen Inselstaaten betroffen, sondern auch Neuguinea mit seinen Hunderten Sprachen und ethnischen Gruppierungen. In Ozeanien zeigt sich die schon herausgestellte Vielfalt der Kulturen, die „Buntheit" einer Welt begabter und durch eine schwierige Umwelt – die verstreut liegenden Inseln und den gewaltigen Ozean – geprägter Menschen!

Den christlichen Kirchen geht es um eine „Inkulturation", eine Einwurzelung der christlichen Botschaft in die Kulturen, damit aber auch um die Erhaltung und Weiterentwicklung der traditionellen kulturellen Werte, die immer mehr durch die Globalisierung und die wirtschaftliche Konzentration bedroht sind.

Immer wieder hat sich der Bischof Carlos Belo aus Osttimor für seine so bedrängten Landsleute eingesetzt. Der ihm 1996 verliehene Friedensnobelpreis hat die internationale Anerkennung für diese Leistungen gezeigt. Belos große Herausforderung kam aber im Jahre 1999, als indonesische Milizen so viele Bewohner Osttimors vertrieben und zum Teil ermordet hatten. Belos Rolle beim so schwierigen Wiederaufbau eines demokratischen Rechtsstaates ist von entscheidender Bedeutung für sein Land.

Auch im Fall der Bildung großer politischer Einheiten wie der Europäischen Union bleibt die Erhaltung der Sprachtraditionen der Regionen eine wichtige Aufgabe. Dies hat der ehemalige Vizepräsident des österreichischen Nationalrates und Vizepräsident der Österreichischen Liga für Menschenrechte, Heinrich Neisser, nachdrücklich herausgestellt. Der Politikwissenschafter weist auf die Formulierung „sprachliche Menschenrechte" hin[19]. Es zeigt sich auch in europäischen Regionen ein Verlust oder zumindest Rückgang sehr alter Sprachen: Es gibt aber auch Gegenkräfte wie bei den Ladinern in Südtirol und im Trentino. Schwierig ist es im Fall sehr kleiner Sprachinseln wie den cimbrischen Gemeinden nahe Verona.

Flüchtlinge und Asylwerber – eine immer neue Herausforderung

Das 20. Jahrhundert kann als eine Epoche massenhafter Vertreibungen und Fluchtbewegungen angesehen werden. Die Zusammenhänge mit dem Minderheitenproblem sind vielfältig.

Valentin Zsifkovits, dem die Friedensethik ein großes Anliegen ist, weist in seinem Buch über die Asylpolitik darauf hin, dass es für die Zukunft um ein subjektives Recht auf Asyl geht[20]. In diesem Sinn finden wir schon in der Allgemeinen Erklärung der Menschenrechte Ansätze in dieser Richtung: So bestimmt Art. 14, dass jeder Mensch das Recht habe, in anderen Ländern vor Verfolgung Asyl zu suchen. Es ist eine Schande für einen Rechtsstaat, wenn er Asylsuchende zwangsweise abschiebt, obwohl bekannt ist, dass dem abgelehnten Asylwerber im Heimat- oder Herkunftsland Verfolgung droht. Die Genfer Konvention über die Rechtsstellung von Flüchtlingen 1951 stellt im Art. 33 fest, dass kein vertragschließender Staat einen Flüchtling in einen Staat aus- oder zurückweisen darf, in dem sein Leben oder seine Freiheit aus Gründen seiner Rasse, Religion, Nationalität oder Zugehörigkeit zu einer bestimmten sozialen Gruppe oder seiner politischen Überzeugung bedroht wäre. Auch die Europäische Menschenrechtskonvention weist in diese Richtung.

Im Geist der Enzyklika *Redemptor hominis* 1979, die den einmaligen Wert jedes Menschen herausstellt, hat sich die Katholische Kirche immer für Menschen in Not eingesetzt: In diesem Sinn geht es ihr und den anderen christlichen Kirchen auch um eine humane Flüchtlings- und Asylpolitik: Von einer Herausforderung zur Solidarität spricht der päpstliche Rat *Cor unum* 1992 im Zusammenhang mit dem Flüchtlingsproblem: Die Kirche müsse selbstlose Liebe zu den Flüchtlingen zeigen und die öffentliche Aufmerksamkeit auf deren Lage lenken! Die Enzyklika *Laborem exercens* 1981 stellt die Notwendigkeit heraus, Diskriminierungen hinsichtlich der Auswanderer und Saisonarbeiter ausländischer Herkunft zu vermeiden (23).

Es steht freilich außer Zweifel, dass es beim Asylrecht gewisse

Grenzen gibt, die in der Aufnahmefähigkeit der betroffenen Staaten begründet sind. In diesem Sinn weist der Sozialethiker Wolfgang Ockenfels darauf hin, dass die EU eine gemeinsame Einwanderungs- und Asylpolitik betreiben müsse, um Europa soweit nach außen abzugrenzen, als es für die Aufrechterhaltung seiner politischen, ökonomischen und sozialen Ordnung notwendig sei; sonst bestehe die Gefahr nationalistischer Rückbildungen in Europa[21]. Auf jeden Fall müssen Staaten aber bereit sein, im Fall politischer Katastrophen und anderer, das menschliche Leben von Asylwerbern bedrohender Ereignisse, diese Asylsuchenden aufzunehmen. Österreich hat dies 1956 bei der Ungarn-Krise ebenso getan wie 1968 bei der tragischen Entwicklung in der damaligen Tschechoslowakei. Dabei war klar, dass ein Teil dieser Flüchtlinge später in andere Länder weitervermittelt würde.

Der evangelische Sozialethiker Rolf Kramer stellt fest, dass die Kirche eine Kirche der Armen sein müsse, nicht nur für die Armen oder mit den Armen. Die Entscheidung für die Armen und gegen die Armut habe unleugbar einen politischen Sinn[22]. So geht es auch um die Sorge für machtlose Angehörige von Minderheiten, Asylwerber und Flüchtlinge. Der moderne Wohlfahrtsstaat muss letztlich das Wohl aller im Staat lebenden Personen im Auge haben: Es soll keine dauernde Ungleichheit der im Staat lebenden Menschen geben. Die Geschichte kennt immer wieder Beispiele, dass von größeren Gruppen vertriebener Menschen auch starke Impulse zu Konflikten ausgehen können. Wir sehen das Beispiel der palästinensischen Flüchtlinge: Die arabischen Staaten haben einen großen Teil dieser Flüchtlinge jahrzehntelang nicht integriert. Die großen Belastungen, die dadurch in den Beziehungen zwischen Israel und den arabischen Nachbarstaaten entstanden sind, wirken auch heute nach und belasten die Bemühungen um eine dauerhafte Friedensordnung in dieser Region.

Die christlichen Kirchen haben eine besondere Aufgabe in der Richtung, dass sie in den Fragen des Asyl- und Flüchtlingswesens aufklärend und ausgleichend wirken. Die in vielen Ländern gegebene Ausländerfeindlichkeit erschwert vielfach sachliche Lösungen, die auch den Anforderungen der Menschenrechte entsprechen. Die besondere Berufung der Kirchen ergibt sich nicht nur aus ihrem vielseitigen karitativen Engagement, sondern aus einer sehr lange zurückreichenden Tradition: Ist doch das kirchliche Asylrecht durch viele Jahrhunderte oft die einzige Möglichkeit gewesen, dass Flüchtlinge – oft unschuldig verfolgt – Zuflucht und Geborgenheit gefunden haben.

Für die Bewältigung des gesamten Flüchtlings- und Migrationswesens ist es von entscheidender Bedeutung, dass sachliche und nicht emotionsbestimmte Regelungen gefunden werden. Oft erschweren radikale politische Parteien mit ausländerfeindlichen Parolen und mit einseitigen programmatischen Formeln (z. B. „das Boot ist voll") eine sachgerechte und zielführende Asyl- und Ausländergesetzgebung. Die enormen Wohlstandsunterschiede zwischen den Industrieländern und den Staaten der Dritten Welt, aber auch zwischen West- und Osteuropa werden das Problem der Wirtschaftsflüchtlinge noch für eine lange Zukunft aktuell sein lassen. Leider wird es auch immer wieder politische Flüchtlinge geben; die Hoffnung, dass der Prozess der Demokratisierung weltweit fortschreitet und dadurch die politischen Flüchtlinge weniger werden, mag für eine sehr weite Zukunft berechtigt sein. Kurz- und mittelfristig erleben wir immer wieder Rückschläge im Demokratisierungsprozess, so in einer Reihe afrikanischer Länder; wir sehen aber auch die großen Probleme in Ländern wie Pakistan, Indonesien und Sri Lanka.

Dialog und Toleranz

Kardinal Franz König hat bei der Verleihung des Toleranz-Preises der Europäischen Akademie der Wissenschaften und Künste deutlich gemacht, dass Toleranz nicht den Verlust der eigenen Identität zur Folge hat (1999). König hat auf das Zweite Vatikanische Konzil verwiesen, das die Bischöfe aufgefordert hat, zu den Menschen zu gehen und das Gespräch mit ihnen zu suchen. Das gilt heute mehr denn je für alle Christen, für alle Menschen, die Verantwortung tragen. Es gehe um eine Koexistenz des Miteinanderlebens und -handelns. Heute zeigt sich in einer Reihe von Staaten, dass eine einseitige Sicht der Toleranz in politische Teilnahmslosigkeit führt, wie die geringe Wahlbeteiligung in einer Reihe von Ländern deutlich macht.

Der lateinische Patriarch von Jerusalem, Michael Sabbah, hat sich in seiner Weihnachtsbotschaft 1999 besonders für Flüchtlinge eingesetzt. Die Aussöhnung zwischen den Israelis und der arabischen

Minderheit sei eine Voraussetzung für den Frieden in der ganzen Region. Religiöser Extremismus gefährde eine Friedensordnung: In diesem Sinn hat der Patriarch ein Dialogzentrum in Nazareth vorgeschlagen, in dem die Religionen wieder zu einer verloren gegangenen Brüderlichkeit finden sollten.

Eine klare Verurteilung des Nationalismus hat auch die Versammlung der Oberhäupter der orthodoxen Kirchen in Jerusalem im Jänner 2000 gebracht: Besonders der Rassismus und das Eindringen nationalistischer Vorstellungen in die Kirchen werden verurteilt.

Beim Christentag 1999 in Wien, einer beachtlichen Begegnung der verschiedenen in Wien beheimateten christlichen Kirchen, hat der Vorsitzende des Ökumenischen Rates der Kirchen in Österreich und Metropolit der Griechisch-Orthodoxen Kirche, Michael Staikos, die hohe Verantwortung der Christen für die Fremden in einem Land betont: Aus der dem Christentum wesenhaften Solidarität gehe es um eine gemeinsame Verantwortung der christlichen Kirchen, um bedeutsame gesellschaftliche Herausforderungen an der Jahrtausendwende.

Die Überwindung einer verbreiteten Fremdenfeindlichkeit, die sich besonders auch im täglichen Leben zeigt, im Zusammenwohnen von In- und Ausländern, schon in der Begegnung in Schulen und Kindergärten, ist eine entscheidende Aufgabe einer zukunftsweisenden Politik, die sich die Integration jener Ausländer, die in ihrer neuen Heimat bleiben, zum Ziel setzt; ebenso geht es aber um die Beseitigung von unwürdigen Abschiebemethoden von jenen Personen, deren Asylanträge abgelehnt wurden. Verletzungen der Menschenwürde wie das Einsperren Jugendlicher stellen Grausamkeiten dar, die in einem Rechtsstaat undenkbar sein sollten.

In der EU ist es nach Einschätzung der EU-Rassismus-Beobachtungsstelle zu einem deutlichen Anstieg von Fremdenfeindlichkeit – dies besonders aus rassistischen Gründen – gekommen. Das Anwachsen rechtsextremer und fremdenfeindlicher Haltungen in einzelnen Parteien der EU-Staaten wird vielfach als gefährlich angesehen. Es ist in gewissem Umfang die Gefahr gegeben, dass ausländerfeindliche Parolen stärker in der öffentlichen Meinung hervortreten. Die Annäherung der EU und der Türkei bringt vielfach Besorgnisse hervor, dass sich der Anteil der türkischen Bevölkerung in den mittel- und westeuropäischen Staaten in den nächsten Jahrzehnten fühlbar erhöhen wird. Die Auswanderung der Kurden aus der Türkei könnte zurückgehen, wenn das Kurdenproblem in einer Weise gelöst wird, die der Menschenwürde entspricht. In diesem Sinn stellt der Professor an der Universität Izmir, Bahri Öztürk fest, dass die Menschenwürde nur in einem Rechtsstaat in Anspruch genommen werden könne. Nun werde auch in der türkischen Verfassung von 1982 als Grundziel des Staates u.a. Wohlergehen, der Friede und das Glück des einzelnen herausgestellt; der Staat solle die Voraussetzungen für die Entfaltung der Existenzmöglichkeiten der Menschen setzen. Niemand dürfe nach der türkischen Verfassung (Art. 17) einer Behandlung unterworfen werden, die mit der Menschenwürde unvereinbar ist[23]. Wir sehen in solchen Umschreibungen doch zukunftsweisende Möglichkeiten, allmählich auch in Staaten, wo Menschenrechtsverletzungen gegeben sind, zu einer Bewusstseinsbildung beizutragen: Die Durchsetzung einer Rechtsordnung, die vom Grundsatz der Menschenwürde und Toleranz bestimmt ist, bleibt eine langfristige Aufgabe.

Von einem „Grundrecht Asyl" als Antwort der christlichen Sozialethik spricht Hans Tremmel: Er sieht auch die Zusammenhänge zur fortschreitenden Zerstörung der ökologischen Grundlagen in vielen Ländern. Es entsteht das Problem der Wirtschaftsflüchtlinge, jener Menschen, die keine Chance mehr für ein menschenwürdiges Leben in ihrer Heimat sehen[24]. Wie das Flüchtlings- und Asylproblem kann auch die ökologische Herausforderung nur durch eine weltweite Zusammenarbeit gelöst werden: Christliche Kirchen weisen immer wieder auf die Verantwortung aller Menschen und vor allem der Entscheidungsträger in den Staaten und auf Weltebene hin: „Ökologisches Bewusstsein und ökologische Betroffenheit verändern die Wirklichkeit noch nicht"; es geht auch hier um das Handeln (H. Lehenhofer)[25]. Christliche Soziallehre ist – wie hervorgehoben wurde – ihrem Wesen nach handlungsorientiert; dies zeigt sich in besonderer Weise beim Umwelt – wie beim Flüchtlingsproblem.

Minderheiten und Friedensordnung

Die Tatsache, dass Unterdrückung und Benachteiligung von Minderheiten zu Konflikten in vielen Staaten geführt und auch Kriege ausgelöst haben, ist bekannt: Auf zahlreiche Probleme in diesem Zusammenhang wurde hingewiesen. Der Kosovo-Konflikt hat wieder deutlich gemacht, dass auch Minderheitenprobleme eines kleinen Landes weitreichende internationale Herausforderungen und Belastungen mit sich bringen; vor allem ist es das unermessliche Leid, der Tod zahlloser Menschen, vor allem auch von Frauen und Kindern, der diesen Konflikt so tragisch erscheinen lässt. Wir denken an die noch größere Zahl von ermordeten Menschen in jenen afrikanischen Ländern, auf die besonders hingewiesen wurde, wie Ruanda-Burundi.

Wir brauchen in diesem Sinn immer mehr ein ganzheitliches Denken. Jeder Minderheitenkonflikt geht letztlich alle Menschen und vor allem alle Staaten an: Flugzeugentführungen mit Geiselnahmen, mit denen die Entlassung von Personen verlangt wird, die sich für Minderheiten eingesetzt haben, betreffen alle Insassen der Flugzeuge. Immer mehr geht es um die globalen Zusammenhänge in allen diesen Minderheitenproblemen. Das Beispiel Kosovo hat wieder gezeigt, dass es nicht leicht ist, bei durch Minderheitenfragen entstehenden Konflikten Lösungen durch die Vereinten Nationen zu erreichen. So sehr für eine weitere Zukunft auf verbesserte Eingreifmöglichkeiten der UN zu hoffen ist, müssen auch die regionalen überstaatlichen Gemeinschaften sich mehr mit den Minderheitenfragen auseinandersetzen. Dies ist bei der OSZE, beim Europarat und der EU in letzter Zeit mehr hervorgetreten; Staaten, die die Menschenrechte ihrer Minderheiten verletzen, sollen nicht als Mitglieder aufgenommen werden.

Auch im Fall von Osttimor hat sich gezeigt, dass ein rechtzeitiges Eingreifen der UN 1999 nicht möglich war: In der Zwischenzeit ist es zur teilweisen Vertreibung und Flucht vieler Menschen gekommen; zahlreiche Osttimoresen haben ihr Leben verloren. Für einen

Fall wie diesen, in dem ein früher selbständiger Staat wieder seine Unabhängigkeit erlangt, müssten rasche Eingriffsmöglichkeiten der UN gegen Störungen von außerhalb des wiedererrichteten Staates sichergestellt werden. Ganz allgemein zeigt sich, dass neu aufbrechende ethnische und nationale Konflikte nicht in ausreichender Weise durch die bestehenden Regelungen ausgeglichen werden können. Der erfahrene österreichische Botschafter Helmut Liedermann sagt dazu, dass ungeachtet zahlreicher internationaler Konventionen zum Schutz der Menschenrechte, in vielen Krisengebieten immer wieder zahllose Menschen durch Gewaltanwendung ihr Leben verlieren, Städte und Dörfer zerstört werden; so stehen Menschenrechte und Grundfreiheiten weithin nur auf dem Papier[26].

Liedermann weist auch auf über 70 Pakte, Konventionen und Verträge hin, beginnend mit der *Charta der Vereinten Nationen* 1945 und der *Allgemeinen Erklärung der Menschenrechte* 1948, die zumindest in formaler Hinsicht weltweit akzeptiert sind. Der Art. 27 dieser letzteren Erklärung stellt fest, dass jeder den Anspruch auf eine soziale und internationale Ordnung hat, in der die in der Erklärung der Menschenrechte verkündeten Rechte und Freiheiten verwirklicht werden können. Es geht also um eine Effektivität dieser Satzungen! Die Weiterentwicklung des humanitären Völkerrechts muss durch ein Instrumentarium zum raschen Eingreifen im Fall grober Menschenrechtsverletzungen, so besonders auch an Minderheiten, ergänzt werden.

Versöhnung – ein Grundanliegen

Dem Christentum ist der Friedensgedanke von wesenhafter Bedeutung: Schon in der Bergpredigt, aber auch im Friedensgruß des Auferstandenen tritt uns der Versöhnungsgedanke entgegen, ebenso an zahlreichen Stellen im Alten und Neuen Testament, so besonders im 2. Korintherbrief (5,19), im Kolosser- (1, 19-20) und im Epheserbrief (2, 16-17). Diese Lehre ist auch bei den Kirchenvätern und vielen Patriarchen hervorgetreten. Der Papst der Koptischen Kirche Schenuda III. lehnt Gewalt ab: Diese sei immer die Waffe der Diktatoren und Terroristen gewesen![27]

Bei allem Wertewandel und Wertezerfall wird der Wert des Friedens in unserer Zeit und in unserer so zerrissenen Welt von den meisten Menschen sehr hoch eingeschätzt; Aufgabe der christlichen Kirchen ist nicht nur das Mitwirken an Konfliktschlichtung, sondern auch das Angebot an grundsätzlichen Orientierungsmöglichkeiten (L. Neuhold)[28]. Die Christliche Soziallehre soll mehr in den Mittelpunkt der christlichen Verkündigung gesetzt werden!

Es geht aber auch um den Protest: Friedensdemonstrationen, Engagement für Minderheiten in Form von öffentlichkeitswirksamen Aktionen haben große Bedeutung: Notker Füglister hat vom prophetischen Protest als politischem Prinzip gesprochen[29]. Vertretbar ist auch jener zivile Ungehorsam, der sich auf hohe „sittliche Motive der Akteure" und auf Gewaltlosigkeit stützt (K. Remele)[30].

Der VII. Kongress *Mut zur Ethik* der gleichnamigen Europäischen Arbeitsgemeinschaft im September 1999 in Feldkirch hat die Forderung aufgestellt, „das Samenkorn der Menschlichkeit zu legen". Es gehe um mehr Freiheit und Gerechtigkeit, um eine tragfähige Humanität. Dabei sei die Tradition des Christentums, der Aufklärung und des Naturrechts von entscheidender Bedeutung. In den Begegnungen mit anderen Menschen sind Haltungen gefordert, in denen die Anerkennung der Würde des Menschen zum Ausdruck kommt. Das müssen auch die Angehörigen von Minderheiten empfinden, wenn sie Menschen der „Mehrheitsgruppe" begegnen.

Es geht hier um eine dynamische Sicht der Gerechtigkeit, wie sie der Sozialethiker Johannes Michael Schnarrer immer wieder herausstellt: Sie sei als sittliche Handlungsaufgabe zu verstehen, als immer neue Herausforderung[31].

Wir finden heute in sehr vielen Staaten eine intensive „Suche nach Bewahrung kultureller und ethnischer Identität" (W. Freistetter) und ihrer weiteren Entfaltung. Das zeigt sich auch in einzelnen Regionen größerer Staaten, wo vielfach eine Rückbesinnung auf die traditionellen sprachlichen und kulturellen Werte festzustellen ist. Werner Freistetter sieht hier einen Zusammenhang zum Menschenbild: Die Forderungen nach Achtung der Menschenwürde und der Person des anderen schließen auch die Anerkennung konkreter kultureller, sprachlicher, ethnischer und religiöser Werte mit ein. Es tritt der konkrete Mensch dem anderen gegenüber: Jeder ist von seiner Gruppe, seiner Herkunft und den gegebenen Faktoren geprägt[32]. Versöhnung findet immer zwischen den bestimmten Menschen statt, die diese Haltung einnehmen.

Es geht freilich immer darum, dass Menschen auch in Institutionen tätig sein müssen, die am Aufbau einer funktionsfähigen Gesellschaftsordnung mitwirken. Auch die Minderheitenprobleme lassen sich nur lösen, wenn die maßgebenden politisch wirksamen Institutionen sich um Konfliktlösungen bemühen, wie schon hervorgehoben wurde. Zu diesen Institutionen gehören nicht nur die Träger des politischen Entscheidungsprozesses wie Regierung, Parlament und Parteien, sondern auch jene Organisationen wie die religiösen Gemeinschaften, welche die öffentliche Meinung mitbestimmen und damit auch die maßgebenden politischen Entscheidungen. Versöhnung bedarf also auch entsprechender Grundhaltungen der Politiker und Funktionäre, die in diesen Institutionen wirken, ebenso der Menschen in den Religionsgemeinschaften.

Wolfgang Schmitz spricht in diesem Zusammenhang von einer „christlichen Sinnfindung und einem Ordnungsdenken", von einer zukunftsträchtigen Vision: Von einer zunehmenden Kooperation der christlichen Kirchen für eine gemeinsame Christliche Soziallehre; diese sollte sowohl von den Basisgemeinden getragen werden als auch von der gesamten Organisation der Kirchen[33]. Die Institutionenethik, die Schmitz herausarbeitet, verbindet sich mit den Grundanliegen einer Persönlichkeitsethik: Die einzelnen Christen müssen ebenso wie die Kirchen und ihre einzelnen Teilbereiche sich den Herausforderungen der Versöhnung, des Konfliktausgleiches und der Durchsetzung der Menschenrechte wie der Gerechtigkeit in allen Lebensbereichen stellen.

Kultur der Toleranz

In seiner Botschaft zum Weltfriedenstag 1991 sagte Johannes Paul II., dass eine Lösung der Konfliktsituationen, die in den modernen pluralistischen Gesellschaften, mit ihrer starken nationalen und religiösen Differenzierung, immer wieder gegeben sind, nur durch eine sorgfältige Erziehung der Menschen zur Achtung des Gewissens des anderen zu finden sei. Wie solle sonst in Ländern mit verschiedenen Traditionen, Gepflogenheiten, Lebensweisen und religiösen Einstellungen eine gemeinsame Kultur erhalten werden? Für ein geordnetes gesellschaftliches Zusammenleben müssten sich die verschiedenen kulturellen Gruppierungen achten und sich gegenseitig bereichern.

Zwischen den Religionen sei – zumindest in vielen Ländern – schon vieles geschehen, um eine aktive Zusammenarbeit bei gemeinsamen Aufgaben zu fördern.

Der ungarische Sozialethiker Miklos Tomka hat deutlich gemacht, dass wir am Beispiel der mittel- und osteuropäischen Staaten mit enormer ethnischer und religiöser Vielfalt sehen, dass solche Gesellschaften besonders krisen- und konfliktanfällig sind. Diese Vielfalt könne Bereicherung sein, aber auch eine Verunsicherung mit sich bringen, dies aus der immer neuen Konfrontation mit dem Differenten, dem Fremden[34]. Die Bewältigung dieser Aufgabe einer ständigen Konfliktschlichtung bedeutet enorme Anstrengungen: Es geht dabei um den Aufbau einer politischen Kultur der Toleranz.

Herbert Schambeck spricht von der Unmöglichkeit, das Wort „christlich" mit einem Monopolanspruch zu etikettieren: Es gibt im Christentum sowohl Pluralität wie auch Übereinstimmung! Auch müsse, sagt Schambeck, immer unterschieden werden, was Christen als Einzelpersonen, in Verbänden und Parteien oder im Namen ihrer Kirche vertreten[35]. Es ist die Vielfalt des Christentums, die hier zum Ausdruck kommt.

Unabdingbar sind aber alle jene Übereinstimmungen, die sich auf die Menschenrechte beziehen und damit auf den Schutz der Minderheiten. Gertraud Putz umschreibt diese Menschenrechte als unveräußerlich und unverzichtbar; es seien Rechte, „die jedem Menschen aufgrund seines Wesens von Natur aus zustehen, unabhängig von der Zugehörigkeit zu einem Staat oder einer bestimmten Gruppe"[36].

Unverzichtbar und gemeinsames Gut aller Christen muss auch das Bekenntnis zu einer solidarischen Weltordnung sein: Es ist freilich eine Zukunftshoffnung, die vielen angesichts der tragischen Konflikte – und hier wieder besonders der mit den Minderheiten verbundenen – utopisch erscheinen mag. Der bekannte Völkerrechtler Otto Kimminich hat in diesem Zusammenhang von der Notwendigkeit gesprochen, „das Solidaritätsprinzip in das ethnische Fundament der im Entstehen begriffenen neuen Völkerrechtsordnung einzubauen und daraus Konsequenzen für die Gestaltung konkreter Rechtsnormen zu ziehen". Diese Solidarität müsse sich dann aber nicht nur auf Staaten, sondern auch auf Volksgruppen und Einzelmenschen beziehen[37].

Zukunftshoffnungen

Besteht eine Chance, die vielfältigen Probleme der Minderheiten im neuen Jahrhundert besseren Lösungen zuzuführen als im vergangenen? Nicht ohne weiteres wird man in einer Zeit so harter Konflikte wie in Tschetschenien und den genannten afrikanischen und asiatischen Ländern diese Frage bejahen können. Es gibt aber Zeichen der Hoffnung! Nicht wenige davon gehen von den christlichen Kirchen aus.

Zunächst geht es um gemeinsame Wertüberzeugungen: Die grundsätzliche Bereitschaft zur Anerkennung der Menschenrechte für Minderheiten aller Art ist heute ungleich mehr verbreitet als noch vor wenigen Jahrzehnten. Drastisch sind die Unterschiede gegenüber den Dreißiger- und Vierzigerjahren des 20. Jahrhunderts, der Zeit der totalitären und autoritären Diktaturen in Europa und weltweit. Christliche Kirchen bringen immer wieder Gemeinsamkeiten in den Wertüberzeugungen zum Ausdruck!

Der Zeitfaktor spielt auch noch eine andere Rolle: Wir sehen, dass zukunftsorientierte Lösungen in der Minderheitenfrage oft lange Zeit brauchen. Das hat sich etwa in Südtirol gezeigt. Heute sind hier die Weichen in eine möglichst konfliktfreie Zukunft gestellt: Die gemeinsame Mitgliedschaft von Österreich und Italien bei der Europäischen Union wird die Integration des gesamten Tiroler Raumes weiter fördern.

Die Rolle der christlichen Kirchen bei der Konfliktlösung im Bereich der Minderheiten erwächst aus der Fähigkeit der christlichen Glaubensgemeinschaften zur Veränderung: Der Wiener Sozialphilosoph Erwin Bader sagt, eine Besonderheit des Christentums sei seine soziale Kraft: Es setze nicht auf Gewalt zur Gesellschaftsveränderung wie viele Ideologien und radikale politische Bewegungen, sondern auf die Nächstenliebe und die Sozialreform aus ideellen Motiven. Bader will mit Fichte zum Ausdruck bringen, dass die Entwicklung des Christentums nicht abgeschlossen sei, sondern in vielem erst neue Anfänge eröffne[38]. Demokratiereform, Umweltschutz,

Menschenrechte, Minderheitenschutz sind Problembereiche, in denen sich die christlichen Kirchen und Gemeinschaften in Zukunft mehr denn je engagieren werden.

Christlich motivierte Friedens- und Umweltbewegungen werden eine bedeutende Rolle spielen: Heinrich Schneider hat in einer Studie in diesem Zusammenhang die Rolle von Kardinal Franz König gewürdigt, für den immer wieder Friede und Konfliktausgleich – auch zwischen den Kirchen – ein besonderes Anliegen waren. Im Jahr 1982 hat König hervorgehoben, dass Menschen, die gegen Gewalt demonstrieren, in die Richtung jener weisen, die das Leben und den Frieden suchen; diese Menschen seien Träger einer neuen Hoffnung[39]. Friedensbewegungen könnten zu einem entscheidenden Friedensfaktor werden.

Seit damals sind in der Friedens- und Menschenrechtsbewegung bedeutende Fortschritte erzielt worden – trotz aller gegenteiligen Ereignisse in vielen Ländern. Kardinal Christoph Schönborn spricht von der „Menschheitsfamilie“, die mehr konkrete Gestalt annimmt: Die Rolle der UN sei nicht mehr aus der Weltgemeinschaft wegzudenken[40]. Dennoch wird es noch einige Zeit dauern, bis ihre Effektivität mit den Anforderungen in Einklang steht.

Eine der großen Zukunftsaufgaben liegt in einer Intensivierung der Friedensforschung. Diese sollte sich noch mehr der Ursachenforschung für jene Konflikte annehmen, die mit den Minderheiten zusammenhängen. Dies könnte auch zu mehr Wissen weltweit über das Schicksal von Minderheiten führen und das Verständnis für Vertriebene und Asylwerber in manchen Ländern erhöhen. Am Beispiel der Kurden, des größten Volkes ohne eigenen Staat, zeigt sich, dass auch in den von den Kurdengebieten nahegelegenen Ländern es an Kenntnissen über die Kurden und an Verständnis für ihre Probleme fehlt.

Der um die Friedensforschung verdiente Wiener Sozialethiker Rudolf Weiler hat die Zusammenhänge zwischen Friedensforschung und Friedenserziehung aufgezeigt, aber auch zu einer Begegnung unterschiedlicher Vertreter der Friedensforschung beigetragen – so durch internationale Gespräche zwischen Christen und Marxisten und entsprechende Publikationen. Weiler kommt auch im Zusammenhang mit seiner kritischen Friedensforschung zu einer positiven Sicht für die Zukunft: Der Friede sei heute in die „Klarheit des

Bewusstseins der Menschheit getreten als eine Bedingung ihres kollektiven Überlebens"[41]. Friedensforschung und Friedenserziehung verdienen mehr Förderung im Rahmen der Wissenschafts- und Bildungspolitik! Es geht hier um Forschungs- und Erziehungsaufgaben besonderer sozialer Relevanz: Wissenschaftliche Forschungen sollen Ergebnisse für gegenwärtige gesellschaftliche Probleme bringen als auch „ihre Lösungskapazität gegenüber zukünftigen Problemen zeigen" (F. Windhager)[42]. Dasselbe gilt wohl auch für die Bildungspolitik.

Am Beginn des dritten Jahrtausends geht der Blick noch einmal zurück in das 20. Jahrhundert, das so vielen Minderheiten Unterdrückung und Verfolgung gebracht hat. Wir denken besonders an die Vernichtung solcher Minderheiten wie die des Ostjudentums während des Zweiten Weltkrieges, in den von den Deutschen besetzten Gebieten Polens, der Ukraine, Weißrusslands und der baltischen Staaten. Die dort seit dem Mittelalter ansässigen Juden haben eine einmalige Kultur geschaffen und gestalteten Jahrhunderte lang die osteuropäische Geschichte mit. Mit ihrer Vernichtung gingen auch unersetzbare kulturelle Werte für immer verloren[43]. Auch hier geht es darum, das Interesse der Wissenschaften, vor allem der Historiker, mehr auf diese Ereignisse zu richten. Wie bei der Friedensforschung soll auch die Aufarbeitung der Fehlentwicklungen der Vergangenheit dazu helfen, eine Zukunft mit mehr Menschenwürde und Menschlichkeit, mit mehr realer Hoffnung zu gestalten.

Menschlichkeit und Menschenwürde

Ein Vorteil unserer Zeit und neuer Denkweisen ist auch in einer mehr positiven Sicht des Pluralismus gegeben. Negative Einstellungen, ebenso eine Ablehnung der Toleranz in weltanschaulichen Fragen, haben sich weithin verändert; dies hängt mit einem „immens geweiteten Erfahrungshorizont" zusammen, der zur Erkenntnis führt, dass abweichende Meinungen ganz normal seien (Heribert F. Köck)[44].

Ist die Hoffnung auf ein „Weltethos" begründet, wie es Hans Küng umschreibt?[45] Wir sehen – nicht nur in einzelnen Wissenschaften – ein zunehmendes Interesse an ethischen Fragen. Politische Ethik, Wirtschaftsethik, aber auch Kulturethik (für die Johannes Messner bahnbrechend war) bringen reiche Literatur hervor: Aber auch das Interesse in der Praxis stehender Politiker, Unternehmer und Manager, vieler im Kulturleben (im engen Sinn) wirkender Persönlichkeiten an ethischen Fragen nimmt zu. Johannes Michael Schnarrer, Philosoph und Theologe, spricht von neuen Zugängen zu Werten an der Jahrtausendwende in wohl allen gesellschaftlichen Bereichen. Schnarrer will auch jenen Menschen Mut machen, in einer so raschlebigen Zeit jene Werte zu erfassen, die in einer langen Tradition überliefert sind: Dabei geht es immer um das Humanum, um jene gemeinsamen Werte, die letztlich auch allen bewusst lebenden Christen bestimmend sind. Dabei stehen Menschenwürde und Menschlichkeit im Vordergrund, damit auch positive Einstellungen zu allen Minderheiten und den ihnen angehörenden Menschen[46]. Verbale Bekenntnisse zu den Menschenrechten nützen dort wenig, wo die politische Wirklichkeit von Gewalt und Intoleranz geprägt ist.

Christliches Hoffnungsdenken ist gewiss auch von den endzeitlichen Erwartungen bestimmt. Richard Schaeffler kann als Theologe und Philosoph der Hoffnung bezeichnet werden: Er unterscheidet zwischen Erwartung und Hoffnung. Erwarten, auch Enttäuschungen hinnehmen, muss in unser Denken mit einbezogen werden. Damit verbindet sich die Bereitschaft, nicht alles auf die eigenen Kräfte zu setzen. Zuweilen geschehe es aber, dass das Gelungene über alles Erwartete hinausgehe. „Und das ist es, worauf wir nicht mehr eine Erwartung, sondern eine Hoffnung richten“[47]. Schaeffler betont, dass jede religiöse – nicht nur die christliche – Erwartung hoffnungsträchtig ist. Diese tief begründete Hoffnung ist eine besondere Chance des Christentums. Sie zeigt sich überall, wo Christen die Welt verändern oder alles daran setzen, dass sie neue Gestalt annimmt. Diese unzerstörbare Hoffnung hat auch Gisela Klose in ihren Meditationen ausgedrückt. Wenn man die Berichte über das Wirken etwa des Bischofs Erwin Kräutler in Brasilien liest und diesen oder andere Bischöfe in ähnlicher Position (oder auch Priester, Entwicklungshelfer u.a.) hört, erfasst man leichter diese Kategorie einer Hoffnung, die über die greifbare Wirklichkeit hinausgeht[48].

Es ist eine „Chance des noch nicht“, der wir hier begegnen. Auch die Botschaft der Bibel weist auf dieses „Noch nicht“ hin. Für die Minderheiten, vor allem für jene, die um ihre Existenz ringen, geht es immer wieder darum, diese Hoffnung auf ein „Noch nicht“ in eine

Wirklichkeit zu verwandeln. Dies wird nur möglich sein, wenn im dritten Jahrtausend die kulturelle und politische Pluralität erhalten und verstärkt wird; es dürfen keine neuen totalitären Strukturen entstehen. Die Minderheiten müssen freier und menschenwürdiger leben können. Am Beispiel der Roma und anderer Volksgruppen zeigt sich immer wieder, dass politische und soziale Ausgrenzung auch zu relativer Armut führt: Gerhard Merk hat deutlich gemacht, dass vielfältige ökonomische und soziale Gleichgewichtsstörungen in diesem Sinn auch zu einer Bedrohung der Menschenwürde für die betroffenen Schichten führen[49]. Wir brauchen eine „Gesellschaftsauffassung, welche die Personwürde des Menschen zum Kernpunkt ihrer Lehre macht" (A.F. Utz)[50].

Es wurde auf die Solidaritätsverpflichtung der Staaten gegenüber ihren Minderheiten hingewiesen. Soll eine Gesellschaft mit funktionsfähigen Institutionen entstehen, geht es auch um die Durchsetzung einer Ordnung aus dem Geist des Subsidiaritätsprinzips, dem die Katholische Soziallehre vor allem seit der Enzyklika *Quadragesimo anno* (1931) eine besondere Bedeutung eingeräumt hat[51]. Gerade die Minderheiten brauchen autonome Gemeinschaften – je nach Lage in den einzelnen Staaten und der Art ihrer Siedlungsweise. Wenn Minderheiten in einer Region allein oder überwiegend vertreten sind, bieten sich föderalistische Lösungen an. Auf jeden Fall gewinnt dieses Subsidiaritätsprinzip seit dem EU-Vertrag von Maastricht immer mehr Bedeutung für „zukunftsfähige Gesellschaften"[52]. So muss das grundlegende Solidaritätsprinzip, das für die Minderheiten entscheidend ist, durch eine Ordnung der Subsidiarität entsprechend konkretisiert und ergänzt werden (J. Hagel)[53].

Viele christliche Kirchen und Glaubensgemeinschaften sind selbst Minderheiten und müssen immer wieder ihre Existenz behaupten. So sind sie auch aus dieser Sicht verpflichtet, sich um alle Minderheiten anzunehmen und für ihre Rechte einzutreten. Die Einheit in wohlgeordneter Vielheit, die auch dem Denken von Thomas von Aquin entspricht, sollte dabei Zielsetzung sein. Die Menschenwürde und die Erfüllung ihrer wesentlichen Lebenszwecke den Angehörigen aller Minderheiten zu ermöglichen, bleibt das hervorragende Ziel aller Christen, ihrer Kirchen und Glaubensgemeinschaften und aller christlichen Organisationen.

ANMERKUNGEN

1. Adam Schaff: Stereotypen und das menschliche Handeln, Wien 1980, 31, 119.
2. Hans-Joachim Höhn: Zwischen Naturrecht und Diskursethik, in: Christliche Soziallehre heute, hrsg. von Anton Rauscher, Köln 1999, 49 ff.
3. Józef Życiński: Die Zeichen der Hoffnung entdecken, Wien 1997, 98 ff.
4. Johann Heinrich Jung-Stilling: Lehrbuch der Staats-Polizey- Wissenschaft, Leipzig 1792, 6; dazu auch Gerhard Merk: Jung-Stilling. Ein Umriß seines Lebens, Kreuztal 1989.
5. Johannes Messner: Das Naturrecht, Innsbruck ^{5}1966, 290 ff.
6. Martin Honecker: Art. Grundwerte, in: Evangelisches Soziallexikon, hrsg. von Theodor Schober u.a., Stuttgart ^{7}1980, Sp. 557 ff.
7. Ivan Stuhec: Der Einsatz der slowenischen Christen in der Politik, in: Demokratie als Herausforderung, Festschrift für Rudolf Weiler, hrsg. von Ingeborg Gabriel u. Josef Steurer, Wien 1997, 149 ff.
8. Marijan Valkovic: Das Minderheitenproblem im ehemaligen Jugoslawien, in: Minderheiten und nationale Frage, hrsg. von Ingeborg Gabriel, Wien 1993, 233 ff.
9. Ralf Dahrendorf: Konflikt und Freiheit, München 1972, 41 f.
10. Anton Rauscher: Kirche in der Welt. Beiträge zur christlichen Gesellschaftsverantwortung, Bd. 2, Würzburg 1988, 119.
11. Herbert Pribyl: Sozialpartnerschaft in Österreich, Wien 1991 (mit geistesgeschichtlichem Hintergrund).
12. Heinrich Schneider: Anmerkungen zum Problem der politischen Kultur, in: Zwischenrufe. Festschrift für Eduard Ploier, hrsg. von Hubert Feichtlbauer u.a., Linz 1990, 167 f.
13. Ignaz Seipel: Nation und Staat, Wien 1916, 9.
14. Johannes Messner: Das Naturrecht, s. Anm. 5, 42.
15. Josef G. Cascales: Lebensfülle, Klagenfurt 1999, 120.
16. Rudolf Weiler: Internationale Ethik, Bd. 2, Berlin 1986, 132 f.
17. Johannes Messner: Kulturethik, Innsbruck 1954, 353 ff.
18. Gisela Klose: Chrysanthemen, Graz 1996, 30.
19. Heinrich Neisser: Symposion „Kein Europa ohne Mehrsprachigkeit", Die Presse, Wien 16.11.1999.
20. Valentin Zsifkovits: Asylpolitik mit Herz und Vernunft, Regensburg 1993, 58 ff.
21. Wolfgang Ockenfels: Migration als Problem, in: Problemfall Völkerwanderung, hrsg. vom Autor, Trier 1994, 13.
22. Rolf Kramer: Umgang mit der Armut, Berlin 1990, 89 ff.

23. Bahri Öztürk: Die rechtstaatlichen Strukturen der Türkei, in: Politische Studien 367, 50. Jg., München 1999, 78 ff.
24. Hans Tremmel: Grundrecht Asyl, Freiburg i.B. 1992, 248 ff.
25. Heribert Lehenhofer: Umlegung und Vermeidung von Ungütern – eine Herausforderung für Politik und Wirtschaft im Umgang mit der naturalen Welt, in: Güter und Ungüter, hrsg. von Hans Gerd Fuchs u.a. Berlin 1991, 89 ff.
26. Helmut Liedermann: Das humanitäre Völkerrecht, in: Wiener Blätter zur Friedensforschung 98, 1999, 1 ff.
27. Schenuda III.: Allem gewachsen, weil Christus mich stärkt, Freiburg i.B. 1990, 136 ff.
28. Leopold Neuhold: Wertwandel und Christentum, Linz 1988, 115 f.
29. Notker Füglister: Der prophetische Protest als politisches Prinzip, in: Politik und christliche Verantwortung. Festschrift für Franz Martin Schmölz, hrsg. von Getraud Putz u.a, Innsbruck 1992, 37 ff.
30. Kurt Remele: Ziviler Ungehorsam. Eine Untersuchung aus der Sicht christlicher Sozialethik, Münster 1992, 119.
31. Johannes Michael Schnarrer: Anything goes? Sittlichkeit im Zeitalter der Skepsis, Wien-Tarnów 2000, 363 ff.
32. Werner Freistetter: Volksgruppen und ethnische Minderheiten als Frage des Menschenbildes, in: Die Einheit der Kulturethik in vielen Ethosformen, hrsg. von Werner Freistetter u. Rudolf Weiler, Berlin 1993, 107 ff.
33. Wolfgang Schmitz: Christliche Sinnfindung und neues Ordnungsdenken, in: Politik und christliche Verantwortung, hrsg. von Gertraud Putz, Innsbruck 1992, 173 ff.
34. Miklos Tomka: Eine Kirche aus der Vielfalt der Christen, in: Actio catholica, Wien 2/1997.
35. Herbert Schambeck: Glaube und Weltverantwortung der Katholiken, in: Pax et Justitia. Festschrift für Alfred Kostelecky, hrsg. von Hans Walther Kaluza u.a., Berlin 1990, 37 ff.
36. Gertraud Putz: Christentum und Menschenrechte, Innsbruck 1991, 12 f.
37. Otto Kimminich: Neue solidarische Weltordnung, in: Realismus und Leidenschaft. Festschrift für Valentin Zsifkovits, hrsg. vom Autor u.a., Graz 1993, 9 ff.
38. Erwin Bader: Christliche Sozialreform, Wien 1992, 22 ff.
39. Heinrich Schneider: Kardinal König und der Friede, in: Kardinal König, hrsg. von Annemarie Fenzl, Wien 1985, 222 ff; zitiert dabei die Stellungnahme von Kardinal König, Wiener Diözesanbl. 1,1/1982.
40. Christoph Schönborn: Die Menschen, die Kirche, das Land-Christentum als gesellschaftliche Herausforderung, Wien 1998, 110 ff.
41. Rudolf Weiler: Herausforderung Naturrecht, Graz 1996, 330 ff.
42. Fritz Windhager: Art. „Wissenschaftspolitik", in: Katholisches Soziallexikon, hrsg. von Alfred Klose u.a., Innsbruck-Graz ^{2}1980, Sp. 3433 ff.
43. Zofia Kowalska: Die jüdische Wanderung in den Osten. Ansiedlungs- und Existenzmöglichkeiten der Juden im polnischen Piasten- und Jagellonenstaat, in: Österreichische Osthefte 42/2000.

44. Heribert F. Köck: Recht in der pluralistischen Gesellschaft, Wien 1998, 119 f.
45. Hans Küng: Projekt Weltethos, München 1990, 41.
46. Johannes Michael Schnarrer: Norm und Naturrecht verstehen – eine Studie zu Herausforderungen der Fundamentalethik, Frankfurt M. 1999; weiters wie Anm. 31.
47. Richard Schaeffler: Die christliche Hoffnung als Kriterium endzeitlicher Erwartungen, in: Religionen unterwegs, Wien 4/1997, 10 ff.
48. Erich Kräutler (mit einem Vorwort von Erwin Kräutler): Menschen am Xingu, hrsg. von Angelika Meusburger, Wien 1997, bes. 1 ff, 333 ff.
49. Gerhard Merk: Die Prinzipien der Katholischen Soziallehre als Grundlage einer sachgerechten Wirtschaft, in: Realismus und Leidenschaft, wie Anm. 37, 395 ff.
50. Arthur F. Utz: Ethik und Politik. Grundfragen der Gesellschafts-, Wirtschafts- und Rechtsphilosophie, hrsg. von Basilius Streithofen, Stuttgart 1970, 115.
51. Zur ideengeschichtlichen Bedeutung des Subsidiaritätsprinzips: Johannes Schasching: Zeitgerecht-zeitbedingt. Nell-Breuning und die Sozialenzyklika *Quadragesimo anno* nach dem Vatikanischen Geheimarchiv, Bornheim 1994.
52. Anton Rauscher: Grundwertorientierungen in der gegenwärtigen Situation, in: Zukunftsfähige Gesellschaft, hrsg. vom Autor, Berlin 1998, 17.
53. Joachim Hagel: Solidarität und Subsidiarität – Prinzipien einer teleologischen Ethik?, Innsbruck 1999, 253 ff.

SACHVERZEICHNIS